ODO-EKKE BINGEL ED.

niggli

Vorwort

Liebe Leserinnen, liebe Leser,

es sind beispielgebende Printdesigns aus Deutschland, Österreich und der Schweiz, die wir Ihnen in diesem Buch präsentieren.

Auch in diesem Jahr hat eine hochkarätige Expertenjury, die wir Ihnen auf den Seiten 214–219 vorstellen, herausragende Arbeiten ausgewählt und mit dieser Publikation prämiert.

Exzellente Druckschriften aus der Business-to-Business- und der Business-to-Consumer-Communication zeigen die aktuellen Gestaltungs- und Produktionstrends auf. Ob Jubiläumsbroschüre oder Magazin, ob Umweltbericht oder Typeface. Ob Katalog oder Bid-Book. Alle sind Inspiration und auch praktische Anregung für Kreative, Agenturen, Herstellende, Studierende, Dozierende und Auftraggebende.

Gute Beispiele, dass diese „sinnlichen Medien" die fortschreitende Digitalisierung sehr gut begleiten, ergänzen diese Dokumentation. Einige Experten gehen sogar davon aus, dass für den effizienten Kommunikationserfolg die geschickte crossmediale Kombination von digitalen und gedruckten Medien unerlässlich ist. Laut einer brandaktuellen Studie zu Kundenmagazinen geben sogar 89 Prozent der Zielgruppe dem gedruckten Medium den Vorzug.

Mein Tipp: Die ausführlichen Kommentare der Jurorinnen und Juroren auf keinen Fall überlesen. Viel Freude beim Blättern oder gezielten Suchen (Agentur-Finder und Register ab Seite 220).

Ihr
Odo-Ekke Bingel

Nichts geht über den Geruch von Papier und Druck und die Haptik einer Druckschrift. Oder?

Foreword

Dear Readers,

These are exemplary print designs from Germany, Austria and Switzerland that we present to you on more than 200 pages.

Once again this year a top-class jury of experts, whom we present to you on the pages 214–219, has selected outstanding works and awarded them with this publication.

Excellent print publications from the business-to-business and business-to-consumer communication sectors highlight the latest design and production trends. Whether anniversary brochure or magazine, whether environmental report or typeface. Whether catalog or bid book. All are inspiration and practical stimulation for creatives, agencies, manufacturers, students, lecturers and clients.

Good examples that these "sensual media" accompany the advancing digitalization very well, complement. Some experts even assume that the clever cross-media combination of digital and printed media is essential for efficient communication success. According to a brand-new study on customer magazines, as many as 89% of the target group prefer the printed medium.

My tip: Don't overlook the detailed comments of the jurors under any circumstances. Enjoy browsing or searching (agency finder and index from page 220).

Yours
Odo-Ekke Bingel

Nothing is better than the smell of paper and print and the feel of a print. Or is there?

Preisträger / Winners 2021

Preisträger / Winners 2021

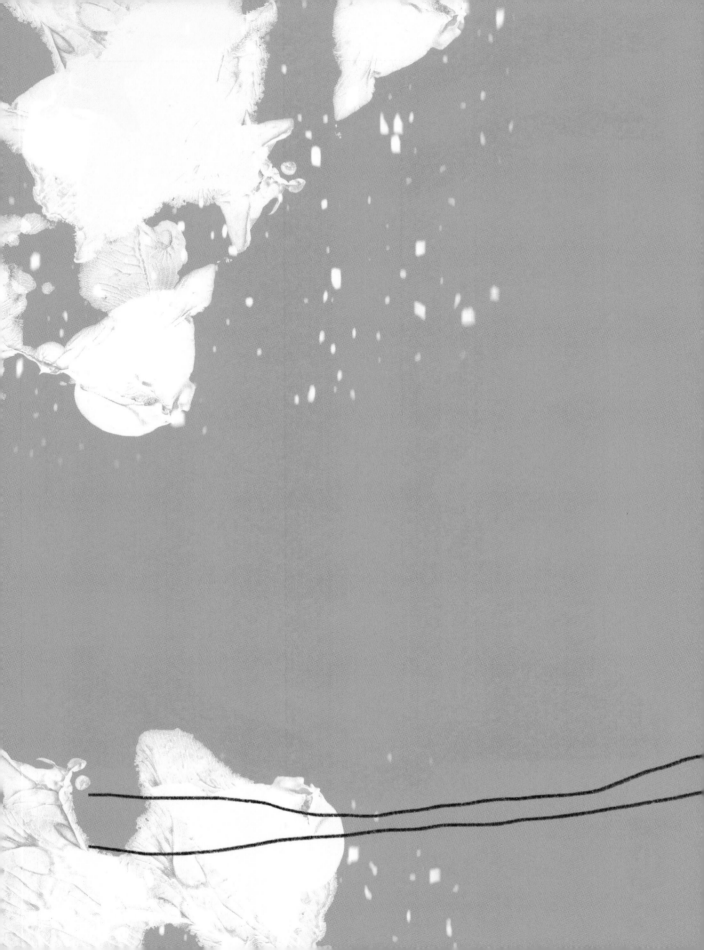

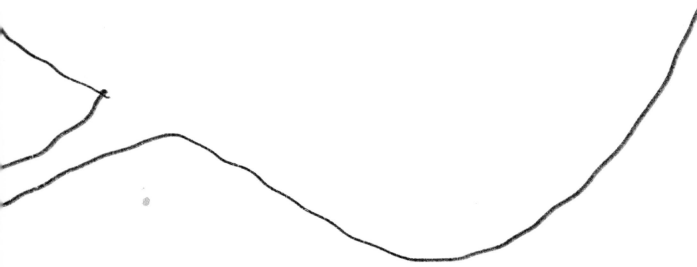

Well done

Agentur / Agency
Gerhard Kirchschläger

Gerhard Kirchschläger
Karin Stöttinger, Photography

Auftraggeber / Client
Geschmacksmomente – Karin Stöttinger

Cooking is like Painting,

Eating is an Art!

Suchen Egal ob guter oder schlechter Geschmack. Und so ist es auch beim großen Kunst sein. Oder guter Geschmack. Und um den geht es hier in diesem Magazin. Nase: Einfach, aber gut bzw. einfach nur gut! Mehr dazu: http://www.geschmackssache.com

Kunst kommt von Können – und Können ist in der **Küche** gefragt. Oder kommt Kunst von **Suchen**?

Hering Salat

Der **Matjes** ist ein junger Hering, der im Frühsommer gefangen wird. Für den Salat die Matjesfilets abtupfen und klein würfeln. **Zwiebel, Paprika** und **Apfel** ebenfalls würfelig schneiden. Für die Marinade alle Zutaten verrühren bis eine cremige Konsistenz entsteht. Bei Bedarf mit etwas **Ölwasser** strecken. Salat mit der Marinade mischen und für wind. 30 Min. ziehen lassen. Servieren!

2	Matjesfilets in Öl eingelegt	
½	Zwiebel oder 2 Schalotte	
½	Paprika **rot**	
1	Apfel **sterchit**	

Marinade
2 EL	Dijon Senf	
2 EL	Maletti Bianco (Vermouth: italienische Zwsp. weiß)	
	etwas Salz	
2 EL	Öl (& das der Matjes eingelegt war)	

Salz und Zucker verrühren. Den Lachs entgräten. Das Filet in die Auflaufform legen und mit dem Zucker-Salz-Gemisch bedecken. Die Filets mit Frischhaltefolie zugedeckt für 24 Stunden im Kühlschrank rasten lassen.

Gründlich mit Wasser abspülen & abtupfen. Die Räucherspäne mit dem Räuchermehl füllen. Anzünden und für 8 – 12 h abbrennen lassen. Dafür den Kugelgriller unten schließen und nur oben ein wenig offen lassen. Beim Kalträuchern darf die Luft nicht über 30° betragen.

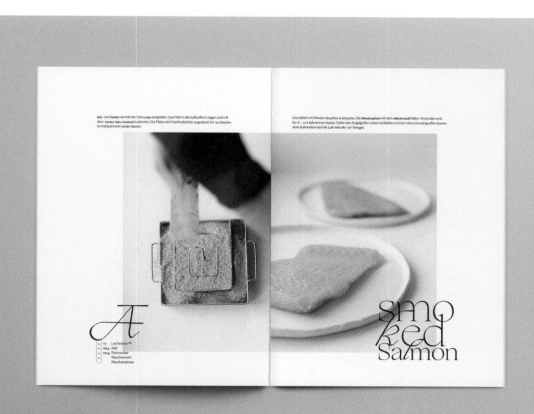

A

- 1t Lachsseite Bio
- 120 g Salz
- 100 g Rohrzucker
  Räuchermehl
  Räucherspäne

smoked Salmon

graved

Lachs

sowie 1 ungegilbter Lachs

Lachs mit Räuchersalz und Senf marinieren. Zitronenzesten und den Dill darauf verteilen. Fisch Filet in die Auflaufform legen und mit dem Zucker-Salz-Gemisch bedecken. Die marinierten Lachsfilets mit Frischhaltefolie gut abdecken. Für ca. 24 Stunden im Kühlschrank rasten lassen. Gründlich mit Wasser abspülen und abtupfen.

- 1t Lachsseite Bio
- 1 Dill Bund
- 1 TL Räuchersalz
- 150 g Salz
- 1 EL Honig
- 100 g Rohrzucker
- 1 EL Dijonsenf

Por ridge

Ein

Die *Haferflocken* eventuell mit etwas *Butter* anrösten (Sie als leicht süßiger Gireel verteilt) Den Topf vom Herd ziehen, chili effecto *Zimt, Kardamom* und *Salz* vermühren.Mit *Hafermilch* ablöschen.Die Flüssigkeit einreduzieren lassen, dann wieder aufgießen. So lange rühren und hinlelassen, bis die gewünschte *Konsistenz* erreicht ist. Für die Süße nach Geschmack 1– 2 *Dateln* mitkochen. *Beim Topping* ist alles erlaubt, *Hauptsache es schmeckt!*

Brei

200 g Haferflocken pro Person *Matten*
1 – 3 Datteln
250   ml Hafermilch
    Kardamom
    Salz
1 Tl. Butter
    Zimt

Topping z.B.:
· Erdmandeln *gestern*
· Obst
· Orangenöl
· Ahornsirup

---

1 Hering
· 2 Matjesfilets in Öl eingelegt
· 1 – 2 Zwiebel oder 1 Schalotte
· 1 ½ Paprika *rot*
· 1 Apfel *viertel*
  Marinade
· 2 El. Dijon Senf
· 3 El. Meletti Bianco
  Alternativ: Balsamic Italy, weiß
· etwas Salz
· 2 El. Öl *in den der Matjes eingelegt war*

2 Porridge
· 200 g Haferflocken/Person *Matten*
· 1 – 2 Datteln
· 250 ml. Hafermilch
· Kardamom
· Salz
· 1 Tl. Butter
· Zimt
  Topping z.B.:
· Erdmandeln *zackroos*
· Obst
· Orangenöl
· Ahornsirup

3 Fried Fish
· 1 kleine Forelle oder 1 Reinanke
· Olivenöl
· Mehl *glat*
· grüner Salat
· 1 Scheibe Bauernbrot

4 Saibling
· Saiblingfilet
· 1 Tek. Knoblauchzehen
· Salz
· Olivenöl
· Butter
· Salat *arba*
· Gemüsereis

5 Lachs *(gebeizt)*
· 1 ½ Lachsseite *Bio*
· 250 g Salz
· 200 g Rohrzucker
· Räuchermehl
· Räucherspirale

6 Brot
· 200 g Sauerteig
· 400 ml Wasser
· 300 g Roggenmehl
· 200 g Weizenmehl *glat*
· 10 g Salz
· 1 Tl. Kümmel *gemahlen*

7 Lachs *(gewd)*
· 1 ½ Lachsseite *Bio*
· 2 El. Räuchersalz
· 2 El. Honig
· 1 Tl. Dijonsenf
· Dill *fresh*
· 150 g Salz
· 250 g Rohrzucker

8 Fried beet
· 3 Stk. rote Rüben
· 3 Stk. Karotten
· ¼ Knollensellerie
· 2 Apfel
· 3 El. Kren *(an best-fried grated)*
· Öl zum Anbraten
· Salz
· Pfeffer
· 3 El. Apfelessig
· 1 cm Ingwerstück
· ¼ l Gemüsebrühe

9 Cous Cous
· Orangensaft
· 200 g Couscous
· 200 g Naturjoghurt
· 1 Tl. Zimt
· 2 Orangen
· 1 Kardamomkapsel
· 2 El. Butter

10 Zitrone
· 2 Stk. Bio Zitronen
· 200 g Salz *(grobes meersalz)*
· 1 El. Olivenöl
· 2 Einmachgläser

11 Split
· Bananen
· Schokolade *(braw)*
· Milch

12 Chicorée
· 2 Stk. Chicorée
· Salz
· 1 Stk. Burrata
· 2 Stk. Orange
· Olivenöl
· Balsamico
· Essig

Das Projekt

The project

„Well done" – das bedeutet, dass in der Küche gute Arbeit geleistet wurde und die Gäste zufrieden sind. Kreatives, einfaches Kochen und ein lockerer Umgang mit den Zutaten werden hier gezeigt. „Cooking is like painting, eating is an art!" – das ist Thema und Motto des Magazins. Die Foodbloggerin Karin Stöttinger bringt die besten Rezepte ihres Internetblogs „Geschmacksmomente" auf Papier. Ein formaler Gegenentwurf zum Screen Design des Internetblogs. Der kunstvoll kreative Umgang mit Lebensmitteln wird in der Typografie und Foodfotografie aufgenommen und weiterentwickelt. Dominante und gleichzeitig verspielte Headlines nehmen Anleihen an Handschrift und Kalligrafie. Es soll mehr ein Gang durch eine Galerie sein als ein simples Rezeptmagazin.

"Well done" means that the chef has done a good job and the guests are satisfied. Creative, simple cooking and a relaxed approach to ingredients are shown here. "Cooking is like painting, eating is an art!" – that is the theme and motto of the magazine. The food blogger Karin Stöttinger brings the best recipes from her Internet blog "Geschmacksmomente" to paper. A formal counter-point to the screen design of the Internet blog. The artful handling of food is taken up and developed further in the typography and food photography. Dominant and simultaneously playful headlines borrow from handwriting and calligraphy. It it is more than a walk through a gallery than a simple recipe magazine.

Jury-Kommentar

Jury comment

Well done. Leicht und großzügig präsentiert das Magazin guten Geschmack, Rezepte zum Nachmachen. Luftig-duftig, eigenwillig, trotzdem unaufdringlich: Die illustrativ eingesetzte Fotografie bricht gelegentlich mit Sehgewohnheiten. Typografie und Typografik geben den Informationen einen lebendigen Rhythmus, strukturieren Seiten und machen Appetit. Liebe zum Detail zeigt sich nicht zuletzt in der einfachen Fadenheftung, die an frühere Schulhefte erinnert. – Schön, dass die Macher viel Weiß lassen, so kommt die sicht- und fühlbare Qualität des Papiers „Meta Paper eco Fibres Birch" wirksam zur Geltung. Und es bleibt Raum dafür, beim Kochen und Backen eigene Erkenntnisse zu notieren.

Well done. The magazine presents good taste and recipes to follow. Airy and fragrant, idiosyncratic, yet unobtrusive: the illustrative use of photography occasionally disrupts visual habits. Typography and typographics give the information a lively rhythm, structure the pages and whet the appetite. Attention to detail is evident not least in the simple thread stitching, which is reminiscent of earlier exercise books. – The designers have left a lot of white, so that the visible and tangible quality of the paper "Meta Paper eco Fibres Birch" is effectively shown to advantage. And there is plenty of room to note down one's own findings while cooking and baking.

Henning Horn

Beets, Roses and the Meaning of Life – Re(Ru:)ting Hildesheim

Agentur / Agency
Editorial Design-Team der Fakultät Gestaltung
der HAWK Hochschule für angewandte Wissenschaft
und Kunst Hildesheim

Dominika Hasse, Art Direction
Anna-Lena Schotge, Senior Design
Sophie Stillig, Junior Design
Timo Strüber, Junior Design
Tatjana Rabe, Production Management

Auftraggeber / Client
Stadt Hildesheim – Projektbüro
KULTURHAUPTSTADT Hi2025

Lene Wagner, City of Hildesheim,
Department of Culture and Foundations

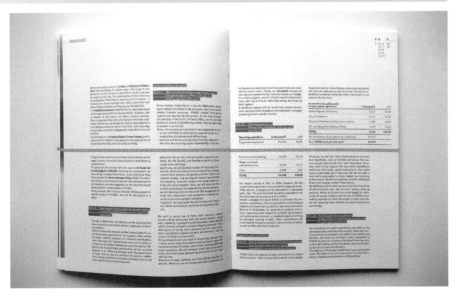

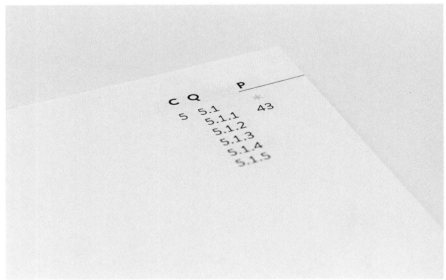

Das Projekt

The project

Für die Bewerbungspublikation zur Kulturhauptstadt 2025 der Stadt Hildesheim erarbeitete das eigens zusammengestellte Editorial-Design-Team der HAWK einen Designprozess, an dessen Beginn das maximale Ausloten der Rahmenbedingungen des Bewerbungsverfahrens stand. Es mündete in der Erforschung von Neonfarben im Offsetdruck, die kontrastierend zum Thema „Beets, Roses and the Meaning of Life" die Metapher für eine Vision von Hildesheim 2025 visualisieren. Im Kontrast zwischen Naturpapier und Neonfarben wird der Gegensatz von urbanen und ländlichen Räumen widergespiegelt, um das künstlerische Programm der Hildesheimer Bewerbung – als progressive Provinz – auch in Material, Formensprache und Gestaltung greifbar zu machen. Die haptische Übersetzung im Buchcover, die mittels Lasergravur gesetzte Typografie sowie die buchbinderische Verarbeitung in Form der offenen Fadenheftung, komplettieren das Gesamterlebnis. Das Design mit seiner sensiblen und fokussierten Gestaltung wurde zu einem wichtigen Baustein, um der Stadt Hildesheim die Teilnahme an der finalen Runde des Wettbewerbs zu ermöglichen.

For the application publication for the Capital of Culture 2025 of the city of Hildesheim, the specially assembled editorial design team of the HAWK developed a design process that began with the maximum exploration of the framework conditions of the application process. It culminated in the exploration of neon colors in offset printing, which, in contrast to the theme "Beets, Roses and the Meaning of Life," visualize the metaphor for a vision of Hildesheim 2025. The contrast between natural paper and neon colors reflects the contrast between urban and rural spaces in order to make the artistic program of the Hildesheim application – as a progressive province – tangible in terms of material, formal language and design. The haptic translation in the book cover, the typography set by laser engraving, and the bookbinding workmanship in the form of open thread stitching complete the overall experience. The design, with its sensitive and focused layout, became an important element in enabling the city of Hildesheim to participate in the final round of the competition.

Jury-Kommentar

Jury comment

Die Aufgabe: eine alleinstellende Aufbereitung der Unterlagen zur Bewerbung der Stadt Hildesheim zur europäischen Kulturhauptstadt. Wie aber gelingt Differenzierung, wenn alle Bewerber einen standardisierten Fragenkatalog beantworten müssen? Das Projektteam Hildesheim 2025 übergab die Aufgabe an die Studierenden der Fakultät Gestaltung an der Hochschule für angewandte Wissenschaft und Kunst in Hildesheim. Entstanden ist ein in höchster Qualität gestaltetes „Bid Book", das in Text und Typografie den mit der Ausschreibung eng gesetzten Rahmen intelligent nutzt. Vor allem die für die Produktion gewählten Materialien und Techniken unterstreichen den Differenzierungswillen der Nachwuchsgestalter:innen. Gratulation für ein herausragendes und zeitgemäßes Printprojekt, mit dem Hildesheim in der Pre-Selection die erste Hürde im Wettbewerb um die Kulturhauptstadt 2025 nehmen konnte.

The task: A unique preparation of the documents for the city of Hildesheim's application for the European Capital of Culture. But how to stand out when all applicants have to answer a standardized catalog of questions? The Hildesheim 2025 project team handed over the task to the students of the Design Faculty at the University of Applied Sciences and Arts in Hildesheim. The result is a high-quality proposal whose text and typography make intelligent use of the narrow framework set by the invitation to tender. Above all, the materials and techniques chosen for the production underline the young designers' desire to distinguish the application. Congratulations for an outstanding and contemporary print project, with which Hildesheim was able to clear the first hurdle in the competition for the Capital of Culture 2025 in the pre-selection phase.

Ludwig Schönefeld

Perfumers' Compendium

Agentur / Agency
Heine Warnecke Design GmbH

Dirk Heine, Creative Direction
Sina Feuerhake, Art Direction
Isabell Pörtner, Graphic Design
Daniela Stein, Production
Wiebke Kurlbaum, Project Management

Philipp Zurmöhle, Illustrations

Auftraggeber / Client
Symrise AG

Antonia Lauter, Global Marketing Manager
Dr. Marcus Eh, Director Global Marketing

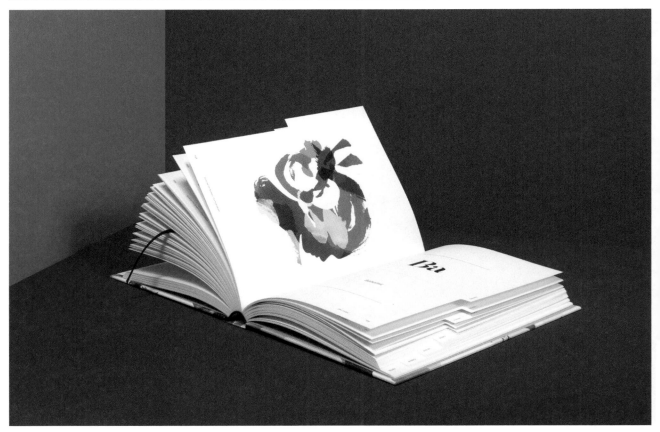

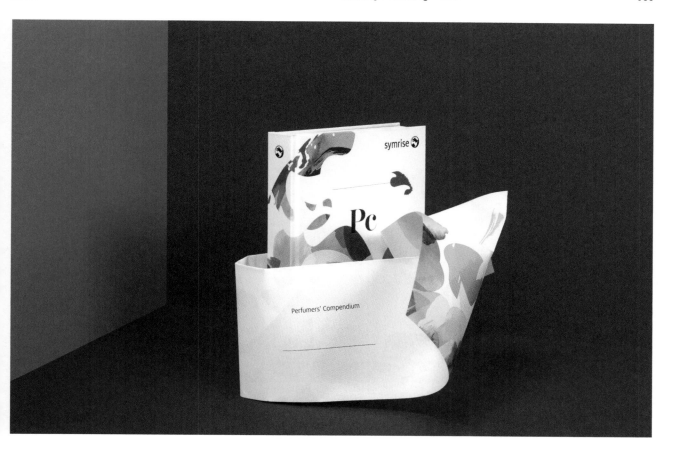

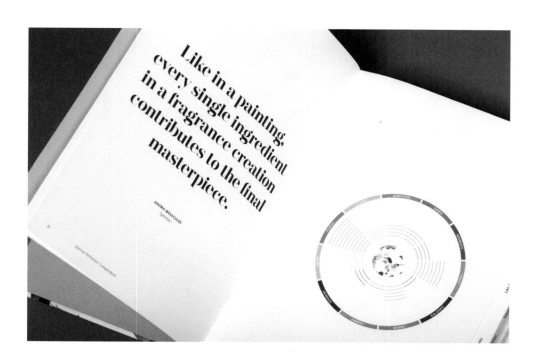

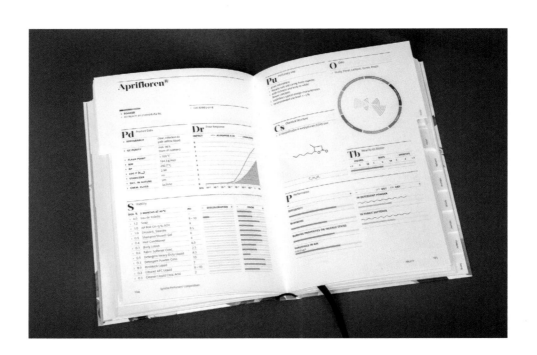

Das Projekt

Das Symrise Perfumers' Compendium zeigt Duftstoffe für die Bereiche Fine Fragrance, Home Care und Cosmetic. Die Publikation vermittelt die komplexen Inhalte gleichwohl übersichtlich, verständlich, attraktiv und inspirierend. Doch wie lassen sich eigentlich Düfte visualisieren? An Aquarelle erinnernde Illustrationen schaffen Vorstellungsräume, die den verschiedenen Duftgruppen nahekommen und bei den Betrachtern – meist Parfümeuren – entsprechende Assoziationen wecken.

Das fadengeheftete Buch mit Hardcover ist robust und hat ein exzellentes Aufschlagverhalten – wichtig bei der täglichen Arbeit. Ein zweigeteiltes, gestanztes Register erleichtert die Navigation. Je nach Suchpräferenz lassen sich die einzelnen Produkte über drei verschiedene Indizes leicht auffinden. Illustrierte Einleitungsseiten informieren über die Eigenschaften der jeweiligen Duftgruppe. Die Produktseiten sind nach einem einheitlichen Schema konzipiert – so lassen sich Produkte einfach vergleichen.

Die Abkürzungen auf dem Titel, den Trenn- und Produktseiten zitieren das Periodensystem der Elemente. Der halbierte Schutzumschlag lässt sich als Poster entfalten und sorgt für ein visuelles Highlight in den Laboren.

The project

The Symrise Perfumers' Compendium presents fragrances for the Fine Fragrance, Home Care and Cosmetic sectors. The publication conveys the complex contents in a clear, understandable, attractive and inspiring manner. But how can fragrances actually be portrayed? Illustrations reminiscent of watercolors create imaginative spaces that approximate the various groups of fragrances and evoke corresponding associations in the viewer – predominately perfumers.

The thread-sewn book with hardcover is robust and has excellent impact properties – important for daily work. A two-part punched index facilitates navigation. Depending on the search preference, the individual products can be easily located using three different indexes. Illustrated introductory pages provide information on the properties of the respective fragrance group. The product pages are designed according to a uniform scheme, making it easy to compare products. The abbreviations on the title, divider, and product pages quote the periodic table of the elements. The bisected dust jacket can be unfolded as a poster and provides a visual highlight in the laboratories.

Jury-Kommentar

Parfümeure brauchen eine feine Nase, einen ausgeprägten Geruchssinn und eine sinnliche Erlebnisfähigkeit. Sie komponieren. Mit dem Perfumers' Compendium werden sie in die scheinbar unendliche und vielfältige Welt der Düfte geleitet und finden darin ausführliche Informationen über Duftstoffe. Begeisternd ist das Zusammenspiel der besonders feinen, klaren Typografie, der leichten, aquarellanmutenden Illustrationen, der vereinzelt eingestreuten Zitate und der Infografiken, die Komplexes leicht verständlich machen. Das Kompendium ist ebenso hochwertig verarbeitet. Konzept, Gestaltung und Umsetzungsqualität sind exzellent und absolut überzeugend. Ein handfestes, robustes Nachschlagewerk, das doch ganz zart wirkt. Hier spürt man viel Leidenschaft für Düfte. Echt dufte!

Frauke van Bevern

Jury comment

Perfumers need a fine nose, a keen sense of smell, and experience with an overall sensory ability. They compose. The Perfumers' Compendium guides them into the seemingly endless and diverse world of fragrances, and provides detailed information about scents. The interaction of the particularly fine, clear typography, the light, watercolor-like illustrations, the occasional quotations, and the infographics – which make the complex easy to understand – is inspiring. The compendium is of equally high quality. The concept, design, and implementation quality are excellent and absolutely convincing. A solid, robust reference work that nevertheless appears very delicate. You can feel the passion for fragrances here. Really fragrant!

Clariant – Integrated Report 2020

Agenturen / Agencies

Kammann Rossi, Editorial Office
Mutabor, Concept
Nexxar, Online Design
Sustainserv, Consulting
Kammann Rossi, Editorial Office Storytelling
Sustainserv, Editing and consulting integrated reporting

Auftraggeber / Client
Clariant International AG

Claudia Kamensky, Team Lead External Communications
Joana-Isabel Kelp, Manager Corporate Communications

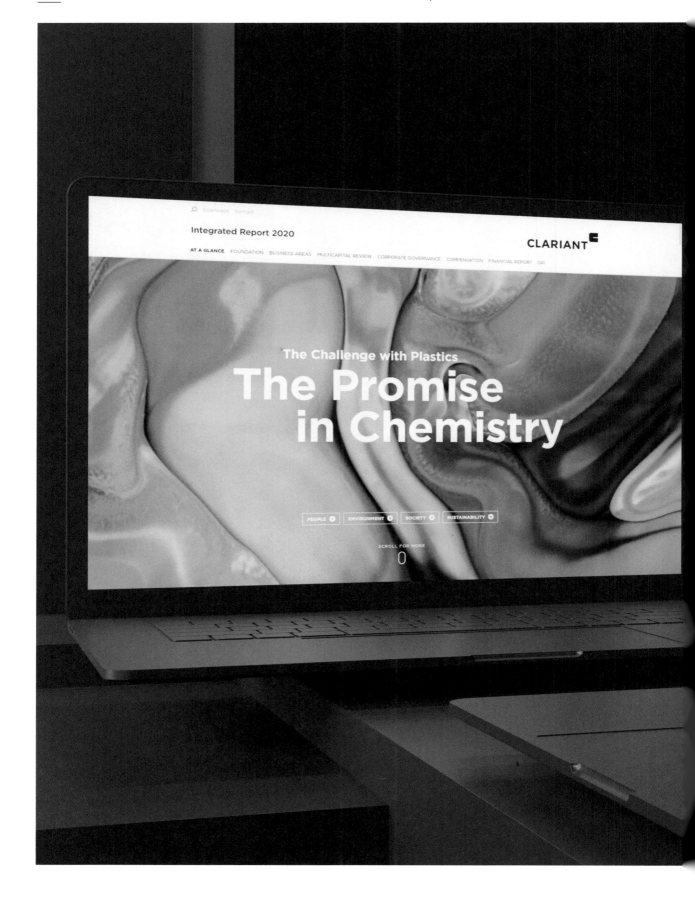

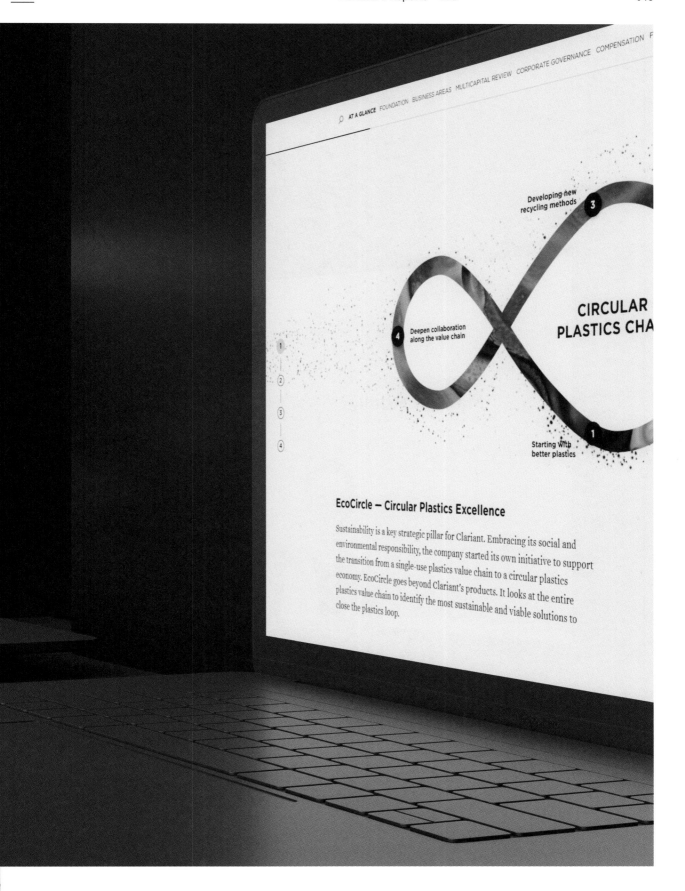

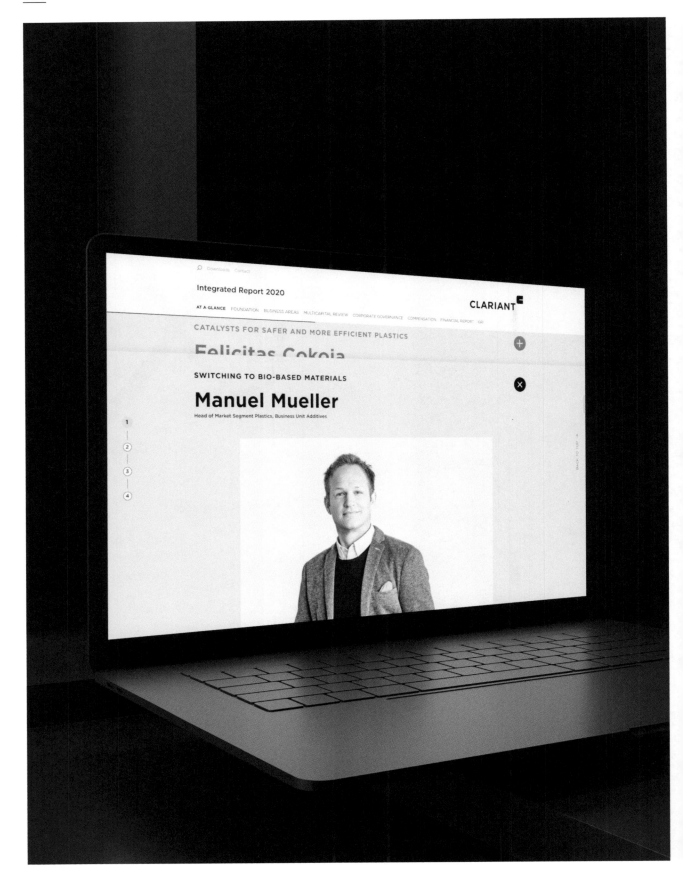

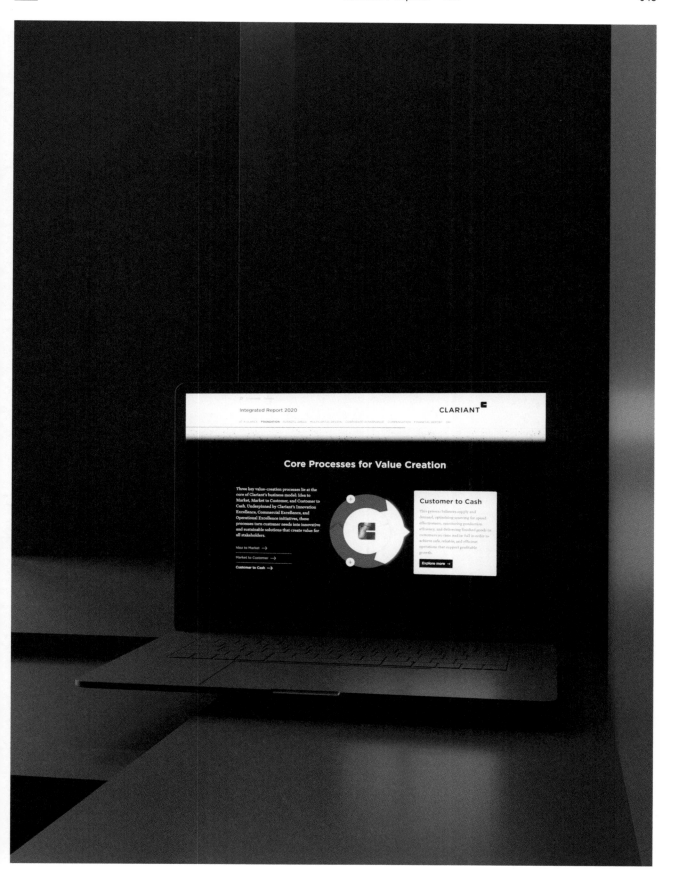

Das Projekt

The project

Clariant, ein weltweit führendes Spezialchemieunternehmen, kombiniert mit seinem Integrierten Bericht 2020 (IR) finanzielle und nicht-finanzielle Elemente und ermöglicht so Transparenz in der Berichterstattung. Der IR informiert über den multidimensionalen Ansatz des Unternehmens, Wert für all seine Stakeholder zu schaffen, indem er sowohl materielle und immaterielle als auch finanzielle und nicht-finanzielle Aspekte der Geschäftstätigkeit darstellt.

Der Integrierte Bericht wendet sich an Stakeholder, Mitarbeitende, Entscheidende und Multiplikatoren. Unter dem Titel „Into the New" liefert der Bericht detaillierte Informationen über Clariants Leistung in den Bereichen Umwelt, soziale Verantwortung und Governance (ESG) und beurteilt die Auswirkungen der geschäftlichen Tätigkeiten, der Corporate-Citizenship-Aktivitäten und der Partnerschaften des Unternehmens vor dem Hintergrund der Ziele der Vereinten Nationen für nachhaltige Entwicklung (SDGs).

Anhand von Scrollytelling-Formaten „führt" der interaktive Bericht durch die Welt von Clariant und stellt einige Changemaker des Unternehmens vor, die mit ihrer Vision und ihrem Engagement Innovation vorantreiben. Gleichzeitig lernen die Lesenden die Mitarbeitenden von Clariant kennen: reports.clariant.com/2020/stories

Um die Nachhaltigkeitsstrategie des Unternehmens zu unterstützen, hat Clariant beschlossen, den online verfügbaren Integrierten Bericht stärker in den Vordergrund zu stellen. Aus diesem Grund steht der vollständige Integrierte Bericht für 2020 einschließlich Corporate-Governance-Bericht, Vergütungsbericht, Finanzbericht und GRI-Bericht, online auf reports.clariant.com zur Verfügung und kann als PDF-Datei heruntergeladen werden.

Clariant, a leading global specialty chemicals company, combines financial and non-financial elements in its Integrated Report 2020 (IR), enabling transparency in reporting. The IR describes the company's multidimensional approach to creating value for all its stakeholders by presenting the tangible and intangible as well as financial and non-financial aspects of the business.

The integrated report is aimed at stakeholders, employees, decision-makers, and multipliers. Entitled "Into the New," the report provides detailed information on Clariant's environmental, social, and governance (ESG) performance and also assesses the impact of the company's business activities, corporate citizenship activities and partnerships against the backdrop of the United Nations Sustainable Development Goals (SDGs).

Using Scrollytelling formats, the interactive report "guides" readers through the world of Clariant and introduces some of the company's changemakers who are driving innovation with their vision and commitment. At the same time, readers get to know Clariant employees: reports.clariant.com/2020/stories

In order to support the company's sustainability strategy, Clariant has decided to give more prominence to its online Integrated Report. Therefore, the full Integrated Report for 2020, including Corporate Governance Report, Compensation Report, Financial Report, and GRI Report, is available online at reports.clariant.com and can be downloaded as a PDF file.

Jury-Kommentar

Jury comment

Das Projekt schafft es, mit maximaler Reduktion zu begeistern. Der hochwertig produzierte Report besticht durch den konsequenten Einsatz einer Sonderfarbe neben Schwarz, die intelligent strukturiert und dem Bericht ein unverwechselbares Gesicht gibt. Die im Grunde zweifarbig gehaltene Publikation macht lediglich Gebrauch von drei weiteren, textmarkerähnlichen Akzentfarben. Diese strukturieren und beziehen Scrollytelling-Schnelllese-Ebenen mit ein, die den Lesenden ermöglichen, den Report aus verschiedenen Fokusperspektiven zu erfassen.

The project makes a strong impact with its minimalistic approach. The report, which is produced to a high standard, impresses with the consistent use of a special color in addition to black, which structures the report intelligently and gives it a distinctive face. The basically two-color publication makes use of three additional text-marker-like accent colors, which structure and draw in Scrollytelling easy to read sections that enable the reader to grasp the report from multiple focal perspectives.

Jens Grefen

Ensemble Modern Magazin #21/2

Agentur / Agency
jäger & jäger

Tanja Weich, Art Direction
Nico Nolle, DTP

Auftraggeber / Client
Ensemble Modern GbR

Marie-Luise Nimsgern, Project Management

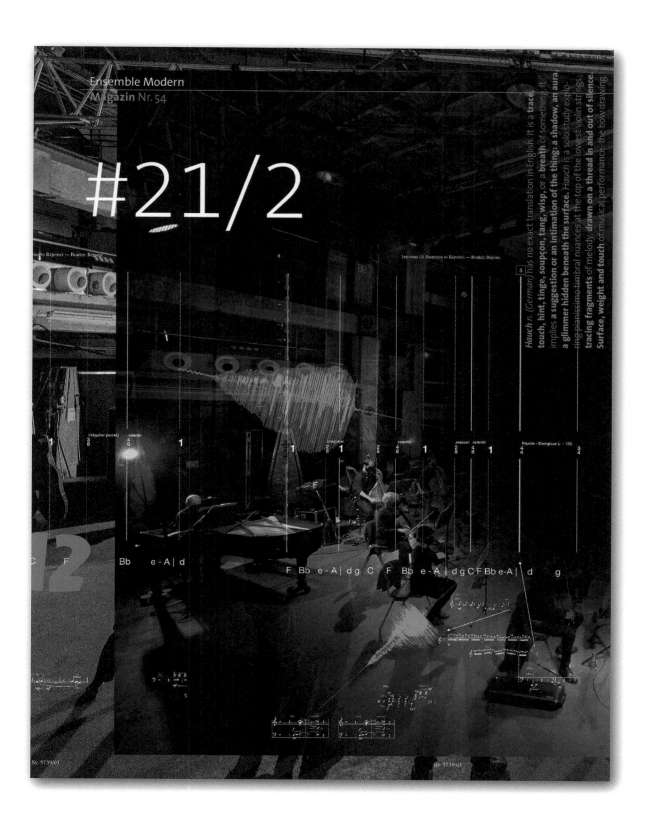

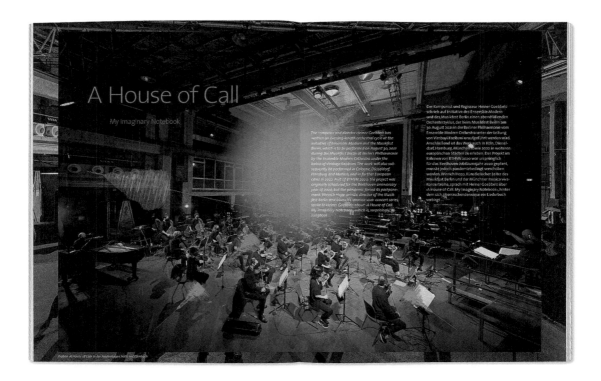

A House of Call

My Imaginary Notebook

The composer and director Heiner Goebbels has written an evening-length orchestral cycle at the initiative of Ensemble Modern and the Musikfest Berlin, which is to be performed on August 30, 2021 during the Musikfest Berlin at Berlin's Philharmonie by the Ensemble Modern Orchestra under the baton of Vimbayi Kaziboni. The work will also subsequently be performed in Cologne, Düsseldorf, Hamburg and Munich, and in further European cities in 2022. Part of BTHVN 2020 the project was originally scheduled for the Beethoven anniversary year of 2020, but the pandemic forced its postponement. Winrich Hopp, artistic director of the Musikfest Berlin and Munich's musica viva concert series, spoke to Heiner Goebbels about ›A House of Call. My Imaginary Notebook‹, which is, surprisingly, a songbook

Der Komponist und Regisseur Heiner Goebbels schrieb auf Initiative des Ensemble Modern und des Musikfest Berlin einen abendfüllenden Orchesterzyklus, der beim Musikfest Berlin am 30. August 2021 in der Berliner Philharmonie von Ensemble Modern Orchestra unter der Leitung von Vimbayi Kaziboni uraufgeführt werden wird. Anschließend ist das Werk auch in Köln, Düsseldorf, Hamburg, München sowie 2022 in weiteren europäischen Städten zu erleben. Das Projekt im Rahmen von BTHVN 2020 war ursprünglich für das Beethoven-Jubiläumsjahr 2020 geplant, musste jedoch pandemiebedingt verschoben werden. Winrich Hopp, Künstlerischer Leiter des Musikfest Berlin und der Münchner musica viva-Konzertreihe, sprach mit Heiner Goebbels über ›A House of Call. My Imaginary Notebook‹, hinter dem sich überraschenderweise ein Liederbuch verbirgt.

Proben ›A House of Call‹ in der Jovstedtages Halle in Offenbach

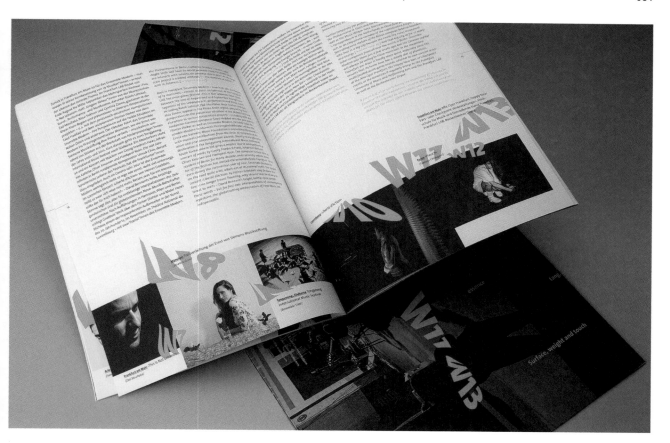

Francis Chiaverini

Ein Gespräch mit Rebecca Saunders
und Frances Chiaverini

A Conversation with Rebecca Saunders
and Frances Chiaverini

Hauch

*Hauch n. (German) has no exact translation in English. It is a trace,
touch, hint, tinge, soupçon, tang, wisp, or a breath of something. It
implies a suggestion or an intimation of the thing; a shadow, an aura,
a glimmer hidden beneath the surface. Hauch is a solo study exploring
pianissimo timbral nuances at the top of the lowest violin strings,
tracing fragments of melody, drawn on a thread in and out of silence.*

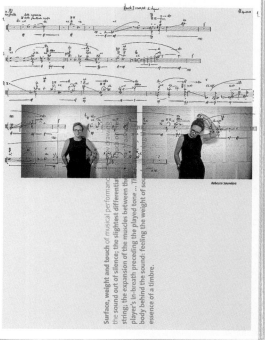

Rebecca Saunders

Surface, weight and touch of musical performance; of drawing
the sound out of silence; the slightest differentiation of pressure on a
string; the expansion of the muscles between the bow and the string; a
player's in-breath preceding the played tone ... The physical effort and
body behind the sound: feeling the weight of sound; the very tangible
essence of a timbre.

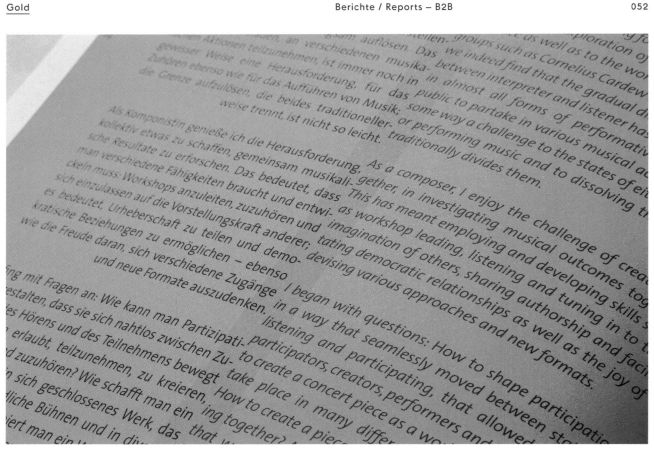

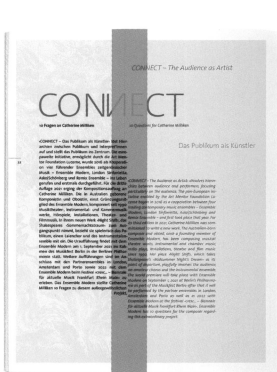
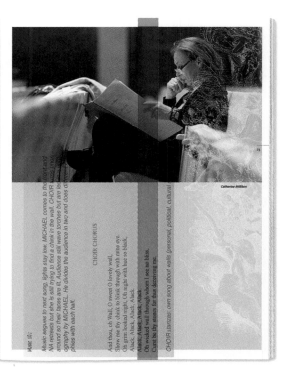

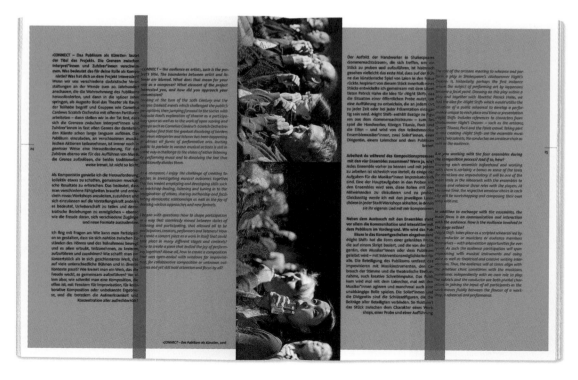

Das Projekt

The project

Jede Ausgabe des zweimal jährlich erscheinenden Magazins arbeitet mit einer Neon-Sonderfarbe, die – in dieser Ausgabe in kräftigem Pinkorange – Farbakzente setzt. Musik wird mittels 3-D-Visualisierungen in sichtbare Klangskulpturen umgewandelt, die ebenfalls in der jeweiligen Sonderfarbe die Artikel illustrieren. Experimentell verzerrte, zerstückelte und gestürzte (...) Schriftelemente setzen typografische Akzente. Der experimentelle Umgang mit Farbe, Illustration und Typografie schafft eine unverwechselbar starke visuelle Übersetzung der musikalischen Welt des Ensemble Modern.

Each issue of the magazine, which is published twice a year, works with a special neon color, which — in this issue in bright pink-orange — sets color accents. Music is transformed into visible sound sculptures by means of 3D visualizations that also illustrate the articles in the respective featured color. Experimentally distorted, fragmented and toppled over type elements set as typographic accents. The experimental use of color, illustration, and typography creates an unmistakably strong visual translation of the musical world of Ensemble Modern.

Jury-Kommentar

#ensemble #modern
#prägendes #neon
#kraftvolles #design
#experimentell #ungewöhnlich
#spannendes #layout
#typografisch #überzeugend
#herzlichen #glückwunsch

Frauke van Bevern

Jury comment

#ensemble #modern
#shaping #neon
#powerful #design #experimental
#unusual #exciting #layout
#typographic #convincing
#congratulations

B* – Das Businessmagazin der Berliner Volksbank

Agentur / Agency
Siegerbrauckmann –
Büro für Wirtschaftskommunikation

Till Brauckmann, Creative Director
Olivia Rost, Editor-in-Chief
Simon Hafenbradl, Art Director
Sven Lubenau, Art Director
Susanne Litty, Project Manager

Auftraggeber / Client
Berliner Volksbank eG

Frauke van Bevern, Head of Marketing and Communication

FÜHRUNGSKULTUR NEU DENKEN
Patricia Schlesinger

FÜHRUNGSKULTUR NEU DENKEN
Patricia Schlesinger

»Die Lernkurve war vertikal«

Ohne Verpflichtung zum Profit, viele Kreative unter den Mitarbeitern – und zwei Bundesländer schauen und hören bei der Arbeit zu: Ein Rundfunksender ist kein Unternehmen wie jedes andere. In der Region weiß das niemand besser als Patricia Schlesinger. Die Journalistin und Moderatorin leitet seit 2016 den Rundfunk Berlin-Brandenburg. Frau Schlesinger, wie führt man eigentlich so einen Sender?

INTERVIEW
Tim Müßle

FOTO
rbb/Thomas Ernst Klapsch

Was können oder sollten Unternehmer von Ihnen lernen, wenn es darum geht, eine große Organisation mit vielen Aufgaben und Mitarbeitern zu leiten?
Ich sehe meine Hauptaufgabe darin, klare Ziele zu formulieren und für die notwendige Kommunikation nach innen und außen zu sorgen. Dabei gilt immer: Der rbb ist keine One-Woman-Show.

Was ist für Sie das Wichtigste beim Führen des Senders?
Wir geben an der Unternehmensspitze möglichst klare Vorgaben und einen Rahmen vor, den die zuständigen Bereiche füllen sollen und können. Für mich ist dabei die vertrauensvolle Zusammenarbeit mit meinen Kolleginnen und Kollegen in der Geschäftsleitung des rbb entscheidend. Allein kommt niemand von uns weiter, wir brauchen den Austausch mit den nächsten Führungsebenen und natürlich direkt mit den Mitarbeiterinnen und Mitarbeitern. Durch eine kommunikative Einbahnstraße ist noch kein Projekt erfolgreich ans Ziel gekommen. Das Gleiche gilt auch für den Kontakt nach außen, zu den gesellschaftlichen Institutionen, zur Politik, zu unseren Zuschauerinnen, Hörern, Nutzern.

Auf welches Handwerkszeug für Führungskräfte vertrauen Sie, wenn es um Organisation geht?
Ich vertraue dem Prinzip der Delegation. In einem so großen Unternehmen mit so vielfältigen Programmangeboten und administrativen Aufgaben ist es unmöglich, jedes Thema persönlich zu verfolgen. Ich weiß, dass meine Kolleginnen und Kollegen »ihre« Themen mit großer Verantwortung und Sachkenntnis verantworten. In diesem Zusammenhang: Mut ist für mich eine unverzichtbare Eigenschaft für Führungskräfte. Wer nicht mutig entscheiden will, verwaltet nur, aber führt nicht.

KULTUR
Martin-Gropius-Bau

Versuch, es runterzubrechen, ist im Zeitgenössischen manchmal schwierig, aber das ist unser Anliegen. Denn die Dinge sind eben oft kompliziert und in einem bestimmten Zirkel angesiedelt. Wir versuchen, es so zu zeigen, dass es auch für Menschen zugänglich ist, die sich nicht jede Woche eine zeitgenössische Kunstausstellung anschauen.

Sie erhalten vom Publikum kräftigen Rückenwind. Was wollen Sie weiter anschieben?
Für uns ist es wichtig, dass das Gebäude mit seiner unglaublichen Geschichte ein offener Organismus ist, in dem wir unterschiedliche Zeiten und Kunstformen zeigen. Das lässt sich natürlich nicht in einem Jahr realisieren. Für große Ausstellungen braucht man zwei, drei Jahre Vorbereitungszeit. Auch für Kunstformen werden wir uns sehr weit öffnen zur Archäologie, Ethnologie, zeitgenössischen Kunst und zum Design. Denn wir glauben, dass das Sinnliche auch im digitalen Zeitalter eine wichtige Rolle spielt.

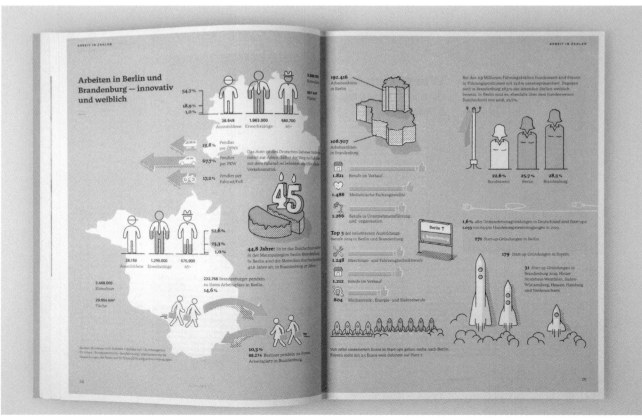

ZUKUNFT
Unternehmen im Porträt

Keramik- und Porzellanindustrie der DDR ging nach der Wende in die Knie. 18.000 Menschen hatten hier einen Job. Heute sind es nur noch wenige Hundert.

Spezialisten wie Simone Baum sind geblieben. Gestern hat sie Milchtassen eingetaucht, heute glasiert sie Henkel an Einzelteile, andere Teile, verbindet. Ob die Feuchtegrade von Tasse und Henkel zusammenpassen, erkennt sie an der Farbung des Materials und erfühlt sie mit den Händen, den Ton verstehen gelernt haben. Seit 20 Jahren ist sie hier, ihr Vater war es sogar schon 35 Jahre lang, er arbeitete noch mit Hedwig Bollhagen zusammen. Ein Porträt der Manufaktur steht auf einem Stapel mit Keramiken, so wie überall in der Manufaktur. «Wie damals Erich Honecker», lacht Simone Baum, «vor dass wir sie freiwillig aufstellen.» Bis ein paar Wochen vor ihrem Tod sei sie noch in der Manufaktur rumgelaufen. «Hat sie sich nicht nehmen

lassen, jedem 'Guten Morgen' zu sagen», erzählt Simone Baum. «Das war ihr Leben hier, ein Leben für die Keramik.»

Das gilt für viele hier. Etwa für Diana Wengel, die im T-Shirt und mit vom Tonschlamm bedeckter Hose vor einer Batterie Gipsformen arbeitet. Vor HB hatte sie schon ein langes Berufsleben in der Ofen- und Kachelfabrik Velten. Als der Betrieb 2016 schloss, fand sie in Marwitz neue Arbeit. Mit ruhiger Hand gießt sie das flüssige Tonschlicker in eine Form für eine Gießkanne. Sofort entsteht der Gips, dem Ton das Wasser. Die Produkte schwinden, und der sogenannte Scherben bleibt übrig. Dieser wird verputzt, entgraten und gebrannt. Fast alles hier ist Marke Hedwig Bollhagen, erklärt Steffen Büchel. «Sie hat über 700 Dekore entworfen, das älteste ist von 1928. Wir entwickeln die Marke behutsam weiter, setzen matte und transparente Farbglasuren ein.»

Manufaktur pur

Über eine steile Holztreppe geht es hoch in die Glasiererei, wo die Produkte aus dem ersten Brand weiß glasiert und dann in Fayence-Technik dekoriert werden. Die Malerinnen ziehen gelbblaue Streifen über bauchige Kännchen. Einmal mit dem Pinsel wackeln – schon ist das Produkt zweite Wahl. Das sensible Material will in jeder Phase umgarnt werden – das macht Keramik so spannend.

Nebenan arbeitet Hashmat, ein junger Maler, der vor fünf Jahren aus Afghanistan nach Brandenburg kam und mit seinem Talent bei HB durchstarten konnte. Freihändig gelingt dem Maler auf einem Teller das für HB charakteristische Ritzmuster, bei dem er mit einem Skalpell kleine Striche und Punkte in eine zuvor aufgetragene schwarze Tonschicht ritzt. Anschließend geht der Teller in den ersten Brand, wird danach transparent glasiert und kommt erneut in einen der großen Elektroöfen. Abkühlen, Kontrollieren, Schleifen – 50- bis 60-mal wurde eine Keramik bis dahin in die Hand genommen.

«Dieser Aufwand hat sich nicht immer finanziell getragen», sagt Betriebsleiter Christian Sacher. «Nach dem Tod von Hedwig Bollhagen 2001 geriet das Unternehmen ins Schlingern, die Produktionskosten überstiegen die Erlöse.» Die Zäsur kam 2013 mit den neuen Eigentümern Lars Dittrich und Alexander Grella. Letzterer strukturierte die Werkstätten um, setzte 2017 Steffen Büchel als Geschäftsführer der Vertriebsgesellschaft ein und investierte in den Online-Shop, mit dem die Produkte finanziell auf Erfolgsspur gingen. In Pandemiezeiten läuft das Geschäft besonders gut.

Geschichte im Blick

Mittlerweile trägt sich die Manufaktur, die Bestseller laufen immer – das blauweiße und blaugelbe Geschirr, die Punktchenserie, das Fadenkaro. Zunehmend kommen junge Leute über Social Media zu HB. Und für die designaffine

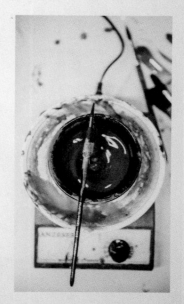

»Irgendwann kommen die Buchstaben alle zu uns«

Optimismus und Geduld gehören wohl zu den wichtigsten
Eigenschaften, die man braucht, um in Berlin ein
Buchstabenmuseum zu betreiben – und natürlich Leidenschaft.
Die Leidenschaft für Buchstaben in jeder Form.
Barbara Dechant hat sie.

TEXT
Till Brauckmann

FOTOS
Mirzel Schmalenbach

Es zwingt sie aus dem Gebüsch neben Gewölbe in S-Bahn-Bögen 424 Barbara Dechant, Österreicherin. Mitbegründerin und Leiterin des Buchstabenmuseums als festinstallierter Werkstatt als freundlich mit charmantem Wiener Einschlag. Neben dem Empfangstresen von mehrere Meter hohe rote Lettern hereinstreckt so der Wand des Gewölbes. Sie genannten Hausfront handelt es sich um ein altes AEG-Logo. So groß, dass es durch keine der Türen in die übrigen Räume passt und darum im Foyer verbleibe. Es sei nicht einfach, außergewöhnliche und hochwertige Exponate wie diese zu bekommen, sagt Barbara Dechant. Erst seitdem das Museum unter einer festen und vor allem bleibenden Adresse firmiert, erhält es besondere Stücke wie diese.

Selten lässt sich so genau auf die Bestandteile unserer Sprache schauen wie hier: «Buchstaben» – auch Lettern, Zeichen oder Glyphen genannt – ist ein Begriff aus der Zeit des aufkommenden Buchdrucks. In vielen Sprachen werden die Buchstaben in Klein- (Minuskeln oder Gemeinen) und Großbuchstaben (Majuskeln oder

Das Projekt

The project

B* – Das Businessmagazin der Berliner Volksbank richtet sich an Firmenkunden der Bank. Die Bank bietet ihren Mittelstandskunden hier auf 70 Seiten zielgruppenrelevanten Lesestoff aus Wirtschaft, Gesellschaft und Politik. Sowohl der Text als auch die Wertigkeit der Darreichung bewegen sich bewusst auf anspruchsvollem Niveau.

Das Magazin eröffnet der Bank die Möglichkeit, mit ihren Firmenkunden jenseits von reinem Bankgeschäft und Netzwerktreffen ins Gespräch zu kommen.

Die Bank hat mit dem Medium Businessmagazin jetzt einen Kommunikationskanal in der Hand, über den sie mit der Zielgruppe beiläufig, aber nachhaltig und kompetent in Kontakt tritt – direkt und indirekt. Eines der erklärten Ziele, auch die Kunden und Mitglieder der Bank untereinander zu vernetzen und somit die Region nachhaltig zu stärken und zu fördern, wird durch diese Kommunikation erreicht. Zahlreiche positive Feedbacks genau dazu bestätigen, dass das Konzept aufgeht.

B* – the business magazine of Berliner Volksbank is aimed at the Bank's corporate customers. The bank offers its SME customer 70 pages of target-group-relevant reading material from the worlds of business, society, and politics. Both the text and quality of the presentation are at a deliberately high level.
This provides the bank with the opportunity to communicate with its corporate customers beyond pure banking business and networking meetings, into future discussions.
The medium of the business magazine provides the bank with a communication channel through which it can directly and indirectly talk to the target group in an informal but proficient and sustainable way. One of the declared goals – to connect the bank's customers and members with each other to strengthen networking and to promote the region – is realized through this communication. Abundant positive feedback confirms that the concept is working.

Jury-Kommentar

Jury comment

B*geistert? Ja, ohne jede Einschränkung, denn B* ist ein Businessmagazin, das in Zeiten inflationärer Online-Kommunikation als handfeste Drucksache dazu einlädt, es zu lesen, schnell zu überfliegen, persönliche Notizen an den Rand zu schreiben oder gar Lieblingsseiten herauszureißen. Es ist nah am Leben, wie die Fotografie zeigt. Es ist B2B, wie die frischen Infografiken erkennen lassen. Typografisch setzt es auf optimale Lesbarkeit und leicht konsumierbare Textbausteine – absolut professionell! Und das Layout? Folgt einem System, und dennoch ist jede Doppelseite eine Überraschung, niemals langweilig. Format, Größe und das verwendete Material wirken optimal zusammen, sodass man die Seiten gerne geschmeidig durch die Finger fließen lässt. – Klares Feedback, wie auf dem beigelegten Lesezeichen erfragt: B*geistert!

B*inspired? Yes, without any reservation, because B* is a business magazine that in times of inflationary online communication invites readers to read it thoroughly, to skim it quickly, to write personal notes in the margins or even tear out favorite pages. It's alive and engaged, as the photography shows. It's B2B, with fresh infographics. Typographically, it relies on optimal readability and easily assimilated text modules – absolutely professional! And the layout? Follows a system, and yet every page is a surprise, never boring. Format, size, and the material used work together optimally so that the pages flow smoothly through the fingers. Clear feedback, like the enclosed bookmark suggests: B*excited!

Henning Horn

better than perfect

Agentur / Agency
Gerhard Kirchschläger

Gerhard Kirchschläger
Julia Kirchschläger, Text
Karin Stöttinger, Photography

Auftraggeber / Client
Geschmacksmomente – Karin Stöttinger

Our

credo:

Einfach gut ist einfach besser. Gutes herzustellen ist aber nicht immer einfach. Aber die guten Dinge liegen auf der Hand und müssen von dort aus noch in den Mund gelangen.

We

believe

Die besten Geschmacksmomente können wir festhalten. Die Zeit vergeht, die Erinnerung an das Gute bleibt.

there is

Guter Geschmack kann verzaubern – und das soll mit diesen Rezepten erreicht werden.

no *bad*

Gutes Essen ist eine Achterbahnfahrt für den Gaumen. Aber das beste Essen endet nicht im Magen, sondern bleibt in unseren Erinnerungen verankert.

taste

or

Essen ist ein Bedürfnis, Genießen eine Kunst! Und um Kunst herzustellen braucht es Kreativität. Gibt es irgendwo einen kreativeren Ort als in der Küche? So wird Genuss zur Ausdrucksform des eigenen Charakters, das Kochen zum persönlichen Statement, das Essen zum Erlebnis.

good

http://
www.geschmacksmomente.com

taste!

Viele Köche
verderben

Für ein gutes Porridge braucht man nicht sehr viele Köche – da reicht einer! Und so geht's: Die Haferflocken eventuell mit Butter anrösten *(die ein leicht nussiger Geruch entsteht)* Dem Topf von Herd ziehen, mit einem Zimt, Kardamom und Salz verrühren. Mit Hafermilch ablöschen.

den
Brei!

Die Flüssigkeit einreduzieren lassen, dann wieder aufgießen. So lange rühren auf köcheln lassen, bis die gewünschte Konsistenz erreicht ist. Für die Süße 1 oder 2 Dattels verkochen. Beim Topping serviere, was schmeckt!

100 g	Haferflocken
1-2	Dattels
250 ml	Hafermilch
1	TL Butter
	Zimt
	Kardamom
	Salz

Für den Teig Eier mit Zucker, Öl, Honig, Rum und den ausgekühlten Kaffee verrühren. Restliche Zutaten unterrühren bis ein dickflüssiger Lebkuchenteig entsteht. Teig auf ein Backblech mit Backpapier gleichmäßig verstreichen und für ca. 20 Minuten bei 170° backen. Den erkalteten Lebkuchenteig zu kleinen Bröseln zerreiben. Frischkäse mit Staubzucker glatt rühren, mit den Bröseln zu einem kompakten Teig kneten, feste Kugeln formen.

Für die Glasur die Candy Melts oder Schokolade schmelzen. Die Stäbchen an einem Ende ca. 0,5 cm in Schokolade tauchen und in die Kugeln stecken. In Kühlschrank auskühlen lassen. Cakepops für die Schokolade tauchen und in Styropor stecken. Überkühlen lassen und mit Zuckerfiguren und Perlen verzieren.

Cake

Teig

100 g	Zucker (braun)
2	Eier
1	El. Öl
2	El. Honig (flüssig)
2	El. Rum
100 g	Vollkornroggenmehl
80 g	Weizenmehl glatt
1	Prise Salz
0,5	Tl. Natron
3	Tl. Lebkuchengewürz
40 g	geriebene Mandeln
100 ml	Kaffee schwarz

Pops

Glasur

270 g	Frischkäse
60 g	Staubzucker
170 g	weiße Candy Melts (oder weiße Schokolade)
270 g	rote Candy Melts
2	El. Kokosöl
	Tortendekoration

Die Orange filetieren. Den Orangensaft auffangen und zur Seite stellen. Die Blätter von Chicorée einzeln abzuflten und waschen. Den Strunk in kleine Scheiben schneiden.

Olivenöl in der Pfanne erhitzen, den Chicorée darin glasig andünsten und mit etwas Orangensaft aufgießen. Salzen. Burrata abtropfen lassen und vor dem Servieren halbieren.

2	Stk. Chicorée Salat
	Essig & Öl (½ Alkoholik. & Ölzaconisch)
1	Stk. Burrata
1	ganze Orange
	Salz

echt

Chicorée &

bitter

Burrata

Diese man
Suppe *gerne*
löffelt aus!

Es wird höchste Zeit, sich
den strahlende Orange
in den Suppenteller zu
holen! Zuerst aber den Kürbis
(für die Suppe reicht eine Schnitte davon)
schälen und im Dampfgarer
15 Min. bei 100° dämpfen.
Die Zwiebel fein würfeln und
in Butter glasig anschwitzen.
Tomatenmark und den braunen
Zucker unterrühren. Mit Gemüsebrühe aufgießen, den weichen
Kürbis und die Gewürze dazu-
geben. Aufkochen und gut
durchmixen.

	Kürbis ½ Schnitte)
1	El. Tomatenmark
25+ cl	Brühe
	Salz
	Curry
1 Stk.	Zwiebel
1	El. Butter
	Zucker

---

1 Stk. Wassermelone   Prise   Salz (Meersalz)

Melone   ## Salz

Die Wassermelone erfrischt, sie hat   Die Wassermelone braucht keine große
nicht umsonst die Form einer Eiskugel.   Küche. Oder das beste Rezept von allen:
Genießen wir den Geschmack von Sonne,   Einfach die Melone mit einer Prise
Sommer und Freibad. Holt doch gleich   groben Meersalz serviert es! Melone
mal die Melone aus dem Kühlschrank!   und grobes Meersalz ... einfach gut ist
                                           einfach besser!

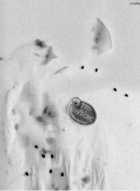

A

Fast Food

Index

Das Projekt

The project

Alles, was wir tun oder lassen – guter oder schlechter Geschmack ist immer dabei. Einer der erfolgreichsten Foodblogs Österreichs – „Geschmacksmomente" von Karin Stöttinger – hat den guten Geschmack im Fokus. Und um den geht es in ihrem 5. Magazin „better than perfect". Die Rezepte sind kreativ, aber einfach – präsentiert mittels außergewöhnlichen Fotos und einer verspielten detailreichen Typografie. Die Vorteile des Prints gegenüber dem Web werden haptisch und konzeptionell ausgespielt. Das Layout spielt und bricht mit Sehgewohnheiten, visuelle Spannung und Überraschung begleiten den Leser durch das Magazin.

Whatever we do – good or bad taste is always part of it. One of the most successful food blogs in Austria – "Geschmacksmomente" by Karin Stöttinger – focuses on good taste. And that's what her 5th magazine "better than perfect" is all about. The recipes are creative but simple – presented with unusual photos and playful, detail-rich typography. The advantages of print over the web are portrayed haptically and conceptually. The layout plays with and breaks visual habits; visual excitement and surprise accompany the reader through the magazine.

Jury-Kommentar

Jury comment

Better than perfect. Leicht und großzügig präsentiert das Magazin guten Geschmack, Rezepte zum Nachmachen. Luftig-duftig, eigenwillig, trotz- dem unaufdringlich: Die illustrativ eingesetzte Fotografie bricht gelegentlich mit Sehgewohnhei-ten. Typografie und Typografik geben den Informationen einen lebendigen Rhythmus, strukturieren Seiten und machen Appe-tit. Liebe zum Detail zeigt sich nicht zuletzt in der einfachen Fadenheftung, die an frühere Schulhefte erinnert. – Schön, dass die Macher viel Weiß lassen, so kommt die sicht- und fühl-bare Qualität des Papiers „Meta Paper eco Fibres Birch" wirk-sam zur Geltung. Und es bleibt Raum dafür, beim Kochen und Backen eigene Erkenntnisse zu notieren.

Better than perfect. The magazine presents good taste and recipes to follow. Airy and fragrant, idiosyncratic, yet unob-trusive: the illustrative use of photography occasionally disrupts visual habits. Typography and typographics give the information a lively rhythm, structure the pages and whet the appetite. Attention to detail is evident not least in the simple thread stitching, which is reminiscent of earlier exercise books. – The designers have left a lot of white, so that the visible and tangible quality of the paper "Meta Paper eco Fibres Birch" is effectively shown to advantage. And there is plently of room to note down one's own findings while cooking and baking.

Henning Horn

We Care – Beets, Roses and the Meaning of Life

Agentur / Agency
Editorial Design-Team der Fakultät Gestaltung der HAWK
Hochschule für angewandte Wissenschaft und Kunst Hildesheim

Dominika Hasse, Art Direction
Larissa Knaup, Design
Sophie Stillig, Design
Timo Strüber, Design
Tatjana Rabe, Production Management

Auftraggeber / Client
Stadt Hildesheim – Projekt Büro
KULTURHAUPTSTADT Hi2025

Lene Wagner, City of Hildesheim,
Department of Culture and Foundations

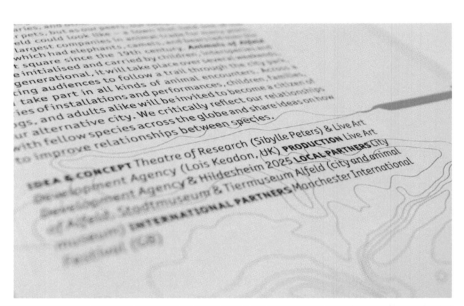

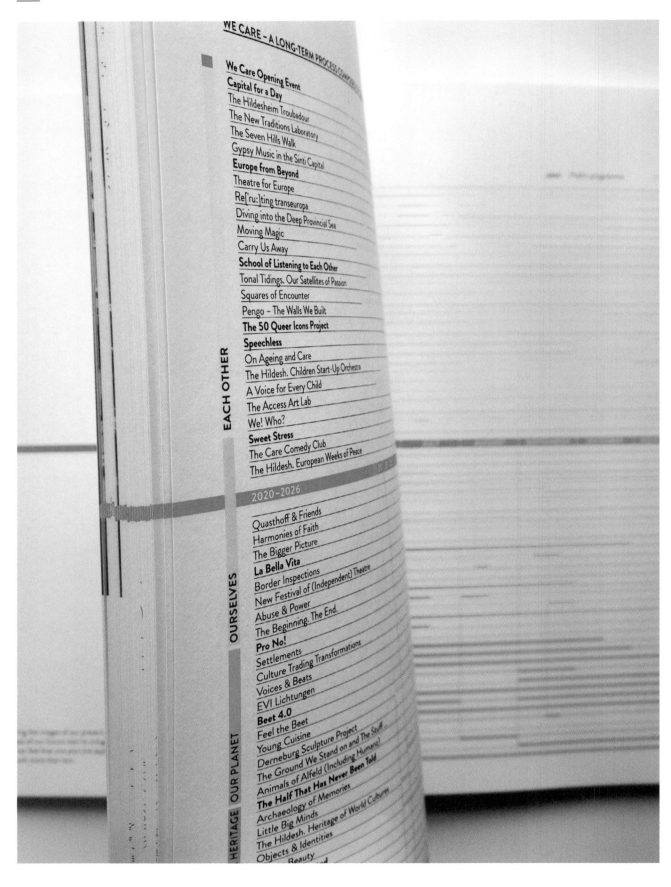

WE CARE – A LONG-TERM PROCESS

We Care Opening Event
Capital for a Day
The Hildesheim Troubadour
The New Traditions Laboratory
The Seven Hills Walk
Gypsy Music in the Sinti Capital
Europe from Beyond
Theatre for Europe
Re['ru:]ting transeuropa
Diving into the Deep Provincial Sea
Moving Magic
Carry Us Away
School of Listening to Each Other
Tonal Tidings. Our Satellites of Passion
Squares of Encounter
Pengo – The Walls We Built
The 50 Queer Icons Project
Speechless
On Ageing and Care
The Hildesh. Children Start-Up Orchestra
A Voice for Every Child
The Access Art Lab
We! Who?
Sweet Stress
The Care Comedy Club
The Hildesh. European Weeks of Peace

EACH OTHER

2020–2026

Quasthoff & Friends
Harmonies of Faith
The Bigger Picture
La Bella Vita
Border Inspections
New Festival of (Independent) Theatre
Abuse & Power
The Beginning. The End.
Pro No!
Settlements
Culture Trading Transformations
Voices & Beats
EVI Lichtungen
Beet 4.0
Feel the Beet
Young Cuisine
Derneburg Sculpture Project
The Ground We Stand on and The Stuff
Animals of Alfeld (Including Humans)
The Half That Has Never Been Told
Archaeology of Memories
Little Big Minds
The Hildesh. Heritage of World Cultures
Objects & Identities
Beauty

OURSELVES

OUR PLANET

HERITAGE

Das Projekt

The project

Die als das konstante, tragende und verbindende Element einge-
führte neonmagentafarbene Leitlinie wurde zu einer lebendigen
und dynamischen, in alle Richtungen explodierenden oder sich
verbindenden Linie transformiert. Aus den Höhenlinien der Kar-
tografie entwickelte sich eine Linienästhetik, die sich mit verwur-
zelnden und verästelnden Verbindungen zeigt und durch die in
die Höhe wachsenden und durch das Buch tanzenden – mit allen
Einflüssen und Strömungen sich vernetzenden – Ideen führt. Das
Farbkonzept der ersten Phase konnte für die zweite weiterentwickelt werden: Klassisches CMYK Magenta und CMYK Yellow
wurden durch NeonMagenta und NeonGelb ersetzt, als doppelter
Farbdruck ausgeführt und durch einen dritten Neon-Farbton
ergänzt, um die „We Care-Perspektiven" mittels vier Farbspektren
zu differenzieren. Der haptische Gesamteindruck wurde neben
dem holzhaltigen Buchdeckel, der im Laufe der Zeit seinen Reife-
prozess zeigt, und der Lasergravur, die die Höhenlinien zu den
Wurzeln der Rüben und Rosen wachsen lässt, zusätzlich durch
einen Lichteffekt veredelt, der beim Blättern die farbigen Seiten
im Bund leuchten lässt.

The neon magenta guideline, introduced as a constant, sup-
porting, and connecting element, is transformed into a vibrant
dynamic pathway that explodes or connects in all directions.
From the contour lines of cartography, a linear aesthetic devel-
ops rooted and divergent connections, leading through ever
expanding ideas and dancing through the book – intercon-
necting with multiple influences and currents. The color concept of the first phase was further developed for the second:
classic CMYK magenta and CMYK yellow were replaced by
neon magenta and neon yellow, executed as a double color
print and supplemented by a third neon color tone to differenti-
ate the "We Care Perspectives" by means of four color spectra.
The overall haptic impression was enhanced – not only by the
wooden book cover that reveals its maturing process, and the
laser engraving that allows the contour lines to grow into the
roots of the beets and roses – but also by a special effect that
makes the colors glow when leafing through the pages.

Jury-Kommentar

Jury comment

Nach dem Bid-Book für die Pre-Selection (s. S. 024) trägt auch die Gestaltung des Bid-Books für die zweite Bewerbungsphase die Handschrift der Fakultät Gestaltung an der Hochschule für angewandte Wissenschaft und Kunst in Hildesheim. In Typografie, Grafik und Farbigkeit gingen die Gestalter:innen noch ein Stück weiter. Die 2020 vorgelegte „Special Edition" konkretisiert den Anspruch „We Care" mit guten Texten und durchdachten Illustrationen. Farbige Akzente positionieren die Bewerbung im Kontext der weltweiten Herausforderungen. Als Gegenpol bewirbt die nunmehr konkrete Fotografie Hildesheim als Kulturhauptstadt mit Charme und Esprit. Erneut punktet die Gestaltung mit einer makellosen buchbinderischen Verarbeitung, gewinnender Haptik und technischer Raffinesse. Bleibende Werte vermitteln auch die Bid-Books – als Beispiel für Kreativität, innovative Gestaltung und eine exzellente handwerkliche Umsetzung.

Following the bid book for the pre-selection phase (see p. 024), the design of the bid book for the second application phase also bears the signature of the Design Faculty of the Hildesheim University of Applied Sciences and Arts. In terms of typography, graphics and color, the designers went a step further. The "Special Edition" presented in 2020 substantiates the claim "We Care" with solid texts, well thought-out illustrations, and colorful accents that position the application in the context of global challenges. As a counterpoint, the now more concrete photography promotes Hildesheim as the Capital of Culture with charm and esprit. Once again, the design scores with flawless bookbinding workmanship, a winning feel and technical sophistication. The "Bid Books" also convey lasting values – as an example of creativity, innovative design and excellent craftsmanship.

Ludwig Schönefeld

SILVER

k21 Werk1

Agentur / Agency
Joachim Haslinger und Gerhard Kirchschläger

Joachim Haslinger, Photography

Auftraggeber / Client
KIMBA GMBH

Martin Kopf

43

Das Projekt

The project

Dieser Bildband zeigt den Wandel des Geländes der historischen Gebäude der Brunner Verzinkerei Brüder Bablik aus dem Jahre 1916, in Brunn am Gebirge, zu einem grundlegend neu gestalteten Gebäudekomplex der KIMBA, dem k21, einem hochmodernen Objekt für Lager und Büroflächen. Das Buch dokumentiert diesen Wandel unter der Projektführung der Kopf Gruppe. Ein dokumentarisches Werk an der Schnittstelle zum künstlerischen Fotoband. Typografie als Leitsystem und Orientierung zwischen Altbestand und Neubau.

This illustrated book shows the transformation of the site of the historic buildings of the Brunner Verzinkerei Brüder Bablikaus from 1916, in Brunn am Gebirge, to a fundamentally redesigned building complex of KIMBA, k21, an ultra-modern object for storage and office space. The book documents this transformation under the project management of the Kopf Group. A documentary work intertwined with an artistic photography book. Typography as a guidance system and orientation between the old and new buildings.

Jury-Kommentar

Ein Fotoband im wahrsten Sinne des Wortes. Die großflächigen Bilder bekommen im Format den Raum, den sie benötigen, und dokumentieren in aller Tiefe den Wandel des Geländes vom Gestern ins Morgen. Die reduzierte, aber dennoch präsente Typografie ergänzt die dokumentarische Bildebene sinnhaft und schafft so ein harmonisches Gesamtkonzept, das von einer handwerklich hochwertigen Produktion abgerundet wird.

A photo book in the truest sense of the word. The large-format images are given the space they require and document in detail the transformation of the site from yesterday to tomorrow. The minimal but nevertheless notable typography complements the documentary image level in a meaningful way and thus creates a harmonious overall concept which is rounded off by a highly-crafted quality production.

Jens Grefen

DZG Forschungsmagazin SYNERGIE

Agentur / Agency
wirDesign communication AG

Annette Bartsch, Account Management
Juliane Gringer, Editor
Stefanie Kropp, Art Direction, Illustration
Linda Kufka, Design
Dorothee Lindlar, Design
Oriana Seidel, Media Operation

Auftraggeber / Client
Deutsche Zentren der Gesundheitsforschung (DZG)

Dr. Christian Kalberlah
Dr. Marcus Neitzert
Karola Neubert
Birgit Niesing
Dr. Nadine Ogrissek
Janna Schmidt
Christine Vollgraf
Alina Zidaric

Das Projekt

The project

Mit dem Magazin SYNERGIE hat wirDesign ein Medium für die Deutschen Zentren der Gesundheitsforschung (DZG) geschaffen, das sowohl die Kraft abbildet, die in der Zusammenarbeit der Zentren liegt, als auch die Vielfalt der dort behandelten Forschungsfragen zeigt. Die prägnante Gestaltung schafft Aufmerksamkeit, welche die Marke DZG stärkt und auf die einzelnen Forschungszentren ausstrahlt. Die DZG möchten optimale Bedingungen für jene Forschung schaffen, die die Bekämpfung der großen Volkskrankheiten adressiert: Krebs, Diabetes, Herz-Kreislauf-, Infektions-, Lungen- oder neurodegenerative Erkrankungen. Und sie setzen sich dafür ein, die Ergebnisse dieser Forschung schneller aus den Laboren in die medizinische Versorgung zu bringen.

Das Magazin SYNERGIE gibt der Öffentlichkeit fesselnde Einblicke: Mit starken Kontrasten und einer sehr abwechslungsreichen Gestaltung erzählt jedes Heft von konkreten Forschungsprojekten, aktuellen Einflüssen wie künstlicher Intelligenz oder vielversprechenden Newcomern unter den Forschenden. Eine Gestaltung, die mit ihrer Farbigkeit, Präzision und Lebendigkeit auffällt und markenbildend wirkt.

With SYNERGIE magazine, wirDesign has created a medium for the German Centers for Health Research (DZG) that both illustrates the power that lies in the collaboration between the centers and shows the diversity of the research questions addressed there. The concise design generates attention that strengthens the DZG brand and transmits to the individual research centers. The DZG wants to create optimal conditions for research that addresses the fight against the major widespread diseases: cancer, cardiovascular diseases, diabetes, infectious diseases, lung diseases, and neurodegenerative diseases – and they are committed to getting the results of this research out of the laboratories and into medical care more quickly.

SYNERGIE magazine provides the public with fascinating insights: with strong juxtapositions and a highly varied design, each issue draws attention to specific research projects, current influences such as artificial intelligence, or promising newcomers among the researchers. A design that stands out with its vibrancy, precision and liveliness and has a brand-building effect.

Jury-Kommentar

Jury comment

Ein herausragend gestaltetes Magazinkonzept zu einem Thema, das aktueller nicht sein könnte. Die prägende Signalfarbe, die ansprechenden Illustrationen sowie eine spannende Seitengestaltung machen Lust, das Magazin zu erforschen und in die Materie einzutauchen. Hier schafft man es, dem Leser (nicht unbedingt vom Fach) auf verständliche Art komplexe Forschungsthemen ansprechend näherzubringen.

An outstandingly designed magazine concept on a topic that could not be more topical. The striking signal color, the appealing illustrations and the exciting page design make you want to explore the magazine and immerse yourself in the subject matter. The magazine succeeds in bringing complex research topics closer to the reader (who is not necessarily a specialist) in an understandable and appealing way.

Jens Grefen

BRONZE

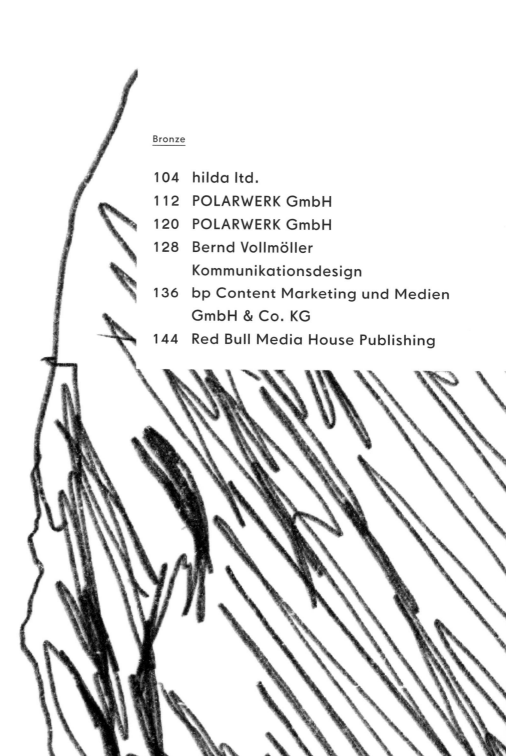

Jubiläumsbuch „Bachem, die ersten 50 Jahre, 1971–2021"

Agentur / Agency
hilda ltd., Zürich

Kay Campos
Eric Hasler
Michael Kahn

Auftraggeber / Client
Bachem Holding AG, Bubendorf

Diana Rinderle, Concept and Editing
Dr. Anne-Kathrin Stoller, Concept and Editing
Philipp Schweizer, Author
Noe Flum, Photography
FO-Fotorotar, Printing
Bubu, Bookbinding

PETER GROGGS
PASSION FÜR PEPTIDE

*Wie ein Chemielaborant
die Bachem schuf
und zum Weltmarktführer
von Peptiden machte*

Beharrlichkeit prägte schon früh seinen Weg:
Der 15-jährige Peter Grogg trotzte 1957 dem Verdikt
des Vertrauensarztes eines grossen Basler Chemie-
unternehmens, der ihm wegen eines Asthmaleidens
in der Kindheit die Eignung für die Lehre in seinem
Wunschberuf als Laborant absprach. Er bewarb sich
einfach noch einmal – beim Konkurrenten Ciba, unter
Verschweigen gesundheitlicher Details, und bekam
eine Lehrstelle im Peptidlabor. Das ist der Beginn
einer beruflichen Passion, einer langen, faszinierenden
Geschichte mit einzigartigen Ingredienzen, die in
bemerkenswerter Konsequenz 1971 zur Eröffnung
eines Kleinstlabors mit dem stolzen Namen Bachem
Feinchemikalien AG im schweizerischen Liestal und
schliesslich zum unaufhaltsamen Aufstieg an die Welt-
spitze der Peptidproduzenten führte.

6

In Fahrt

Der junge Laborant und spätere Gründer der Bachem Peter Grogg 1962 am Steuer seines Morgans
auf einer Ausfahrt in der Schweiz.

7

1992–
2001

Um die Position in Europa weiter zu stärken,
wird 1993 eine Marketing- und Verkaufsnieder-
lassung in der Nähe von Paris eröffnet. 1995 ist
das neue Gebäude F mit Laboren für die Quali-
tätskontrolle, einer Kantine für die Belegschaft
und einem Saal für Mitarbeiter-Informationen,
Schulungen und Vorträge bezugsbereit. 1996
kauft die Bachem AG, mittlerweile Marktfüh-
rerin, die Nummer 1 unter den Herstellern von
Peptiden, die Bachem California in Torrance,
USA, mit 80 Mitarbeitenden. Die Namens-
gleichheit ist auf die ursprüngliche, 1970
bekundete, jedoch nicht realisierte Absicht der
beiden Freunde Peter Grogg und Rao Makineni
zurückzuführen, ein gemeinsames Unternehmen zu gründen. In der Folge operierten die
beiden Unternehmen 25 Jahre unabhängig und
in direkter Konkurrenz zueinander. Seit 1996
gehört das kalifornische Unternehmen zur
Bachem-Gruppe mit Hauptsitz in der Schweiz.

Der universitär und industrielle wissen-
schaftliche Forschung um Peptide als Wirkstoffe nimmt kontinuierlich zu. Immer mehr
Medikamente mit Peptiden kommen auf den
Markt. Mit ihren Erfolgen in der Produktion
von synthetisierten Peptiden unter GMP-Bedin-
gungen hat sich der Nischenplayer Bachem
international als führender Lieferant und
Partner für die Pharmaindustrie etabliert. In
ihrem ersten publizierten Jahresbericht zum
Geschäftsjahr 1996 unterstreicht die Bachem
ihre Marktstellung und die Bedeutung der Pep-

tide für die Medizin: «Es gibt ein Instrument,
das zu einer wertvollen neuen Waffe im Kampf
gegen Krebs und zum Verständnis und die
Behandlung anderer schwerer Krankheiten
geworden ist. Das sind Peptide. Wir produzie-
ren mehr als jedes andere Unternehmen. Wir
sind Bachem. Peptide sind unser Geschäft.»

Gegenüber 1995 ist der Umsatz der ver-
kauften Produkte von 32,1 Millionen auf 55,5
Millionen Schweizer Franken gestiegen. 1997
übergibt Peter Grogg die operative Leitung
der Bachem in Bubendorf in die Hände des
Chemikers Rolf Nyfeler, der seit 1982 bei der
Bachem arbeitet. Grogg wird CEO der Gruppe.
Nach intensiven Vorbereitungsarbeiten erfolgt
am 18. Juni 1998 der Börsengang der Bachem.
Die Aktie ist sehr gefragt und legt am ersten
Handelstag um fast das Doppelte zu.

In Torrance wird die Kapazität für die
Herstellung von Produkten unter GMP erhöht.
Ende 1998 weist die Bachem einen Umsatz
von 96 Millionen aus, 29 % mehr als im Vor-
jahr, und einen Nettogewinn von 32,4 Millionen Schweizer Franken. Die Umsatzzunahme
liegt deutlich über dem geschätzten jährlichen Wachstum des Peptidmarktes von 15%
bis 20%. Der Anteil des Wirkstoffgeschäftes
hat sich in diesem Jahr um 10% auf bereits
rund 70% erhöht. Dieser Entwicklung ist das
erfolgreiche Geschäftsmodell des Unternehmens ausgesprochen zuträglich: Das Katalog-
geschäft mit standardisierten Aminosäurede-
rivaten und Peptiden für die Forschung sowie
die Kundensynthesen mit individuellen Spe-
zialprodukten sind von grosser strategischer
Bedeutung für die Bachem, die sich mit ihrem
umfassenden Angebot und den massgeschnei-
derten Dienstleistungen in der Entwicklung
auch als Partner der Pharmaindustrie für die
spätere Produktion zukünftiger Wirkstoffe
empfiehlt. Alleine in den USA werden Mitte der
Neunziger Jahre geschätzte 300 klinische Studien mit Peptiden oder peptidähnlichen Subs-
tanzen durchgeführt. Die Bachem setzt alles
daran, an möglichst vielen dieser Projekte von
Anfang an dabei zu sein. Wirkstoffe gewinnen
denn auch weiterhin deutlich an Bedeutung
und bieten, der auch in diesem Bereich aus-
gerichtet positionierten Bachem, langfristige
Wachstumsperspektiven.

1999 übernimmt der Peptidhersteller
die im kalifornischen San Carlos ansässige
Peninsula Laboratories, Inc. und ihre Toch-

136

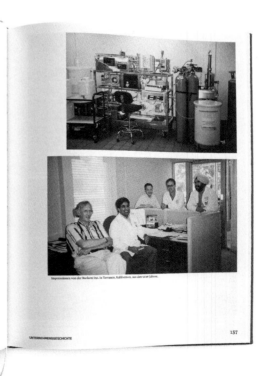
Impressionen von der Bachem Inc. in Torrance, Kalifornien, aus den 1990er Jahren.

rspektiven

Das Projekt

The project

Was für eine unglaubliche Geschichte! 1971 begann Bachem mit drei Mitarbeitenden in den Räumen einer kleinen Schreinerei, heute sind es über 1500 Mitarbeitende. Das Buch erzählt die Biografie des Gründers Peter Grogg und die Entwicklung des Unternehmens, mit spannenden Anekdoten aus 50 Jahren. Es enthält eine aktuelle Bildstrecke, welche den Bachem-Kosmos über drei Kontinente wiedergibt. Zusätzlich wird die Erfolgsgeschichte durch plakative Infografiken und durch einen illustrierten Ausblick in die Zukunft ergänzt.

What an incredible story. In 1971, Bachem began with three employees in a small carpenter's workshop; today, the company has more than 1,500 employees. The book chronicles the biography of the founder Peter Grogg and the development of the company, with gripping anecdotes from 50 years. It contains an up-to-date series of pictures depicting the Bachem cosmos across three continents. In addition, this success story is supplemented by striking infographics and an illustrated outlook for the future.

Jury-Kommentar

Jury comment

Ein Jubiläum. Drei Akte. Der erste Akt liest sich wie ein Krimi. In der Hommage an den Gründer ist die Rede von Abtrünnigen, Begehrlichkeiten, Erfolg, Geld, Hoffnungen … Eingerahmt wird diese Geschichte von Abbildungen aus dem privaten Familienalbum, großzügiger Typografie und einem entspannten Layout. Einfach großartig! Mit dem zweiten Akt gelingt der Kontrast durch eine fulminante Bildstrecke, mutig aus allen Teilen der Welt und des Unternehmens zusammengestellt. Diese Fotografien machen mit einer herrlich selbstbewussten Ironie wirklich neugierig auf die Herstellung von Peptiden – und das muss man erst mal hinbekommen! Im dritten Akt sind die Performance-Kennzahlen so schön und elegant gestaltet, dass man sie gar nicht mehr aus der Hand legen mag. Ernsthaft! Diese Komposition aus Typografie, Reminiszenzen aus den Seventies, Papierwechseln, Prägungen und weiteren hochwertigen Produktionsdetails hat diesen Preis verdient. Es war mir eine große Freude, sie in den Händen zu halten.

1 Anniversary. 3 acts. The first act reads like a thriller. In the homage to the founder, there is talk of renegades, covetousness, success, money, hopes … this story is framed by illustrations from the private family album, generous typography and a serene layout. Simply great! With the second act, the contrast is achieved through a brilliant series of images, boldly compiled from throughout the world and the company. With a wonderfully self-aware irony, these photographs really arouse curiosity about the production of peptides – and that's something you have to get right first! In the third act, the performance figures are so beautifully and elegantly designed that you can't put them down. Seriously! This composition of typography, reminiscences from the Seventies, variety of paper, embossing, and other high-quality production details deserves this award. It was a great pleasure to hold it in my hands.

Claudia Fischer-Appelt

GEWOBA Tätigkeitsbericht 2019 „gesagt getan"

Agentur / Agency
POLARWERK GmbH
Brand- & Communication Design

Thomas Theßeling, Creative Direction
Meike Adler, Art direction, Illustration
Jennifer Pankratz, Design, Final Artwork
Marcel Koch, Final Artwork, Production
Melanie Borrs, Project Management

Auftraggeber / Client
GEWOBA Aktiengesellschaft,
Wohnen und Bauen

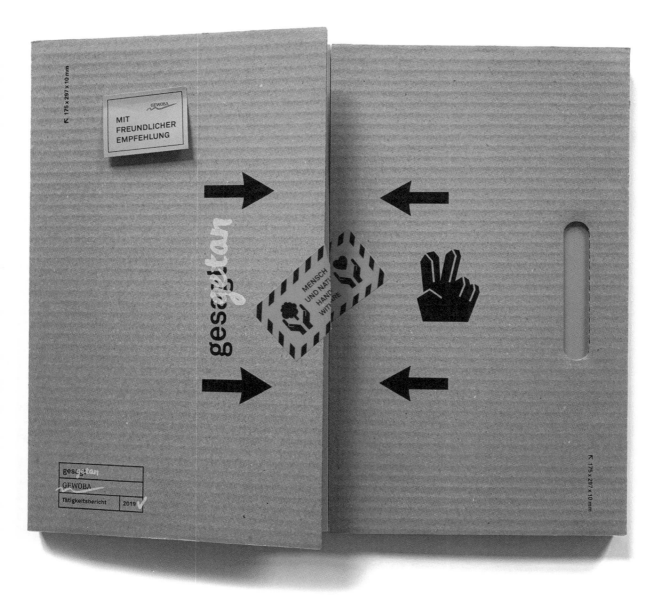

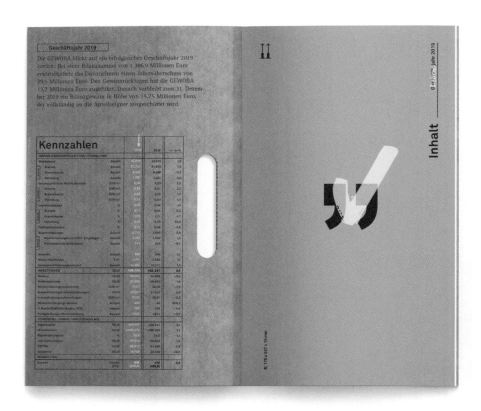

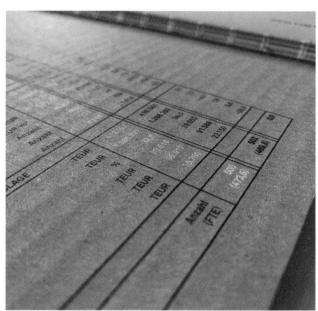

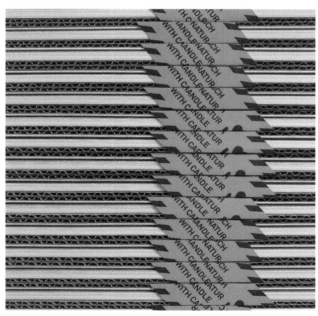

Das Projekt

The project

Als größtes Immobilienunternehmen im Land Bremen gestaltet GEWOBA mit innovativen Neubauprojekten eine moderne Stadtgesellschaft. Ein Meilenstein ist die Fertigstellung von über 400 Wohnungen allein im Jahr 2019. Der Tätigkeitsbericht gibt diesem Erfolg ein Bild. Als Umzugskarton sendet er ein starkes visuelles Signal: GEWOBA hat „gesagt und getan".

Leitidee, Gestaltung, Material und Produktion des Berichts schaffen eine herausragende Ausstrahlung. Wellpappe, Grafiken und typografische Ideen werden zum sympathischen Verstärker der Botschaft. Illustrations- und Bildkompositionen machen komplexe Quartiers-, Gebäude- und Wohnungskonzepte leicht verständlich. Die durchgängig eingesetzte weiße Druckfarbe hebt vertiefende Marginalien auf eine optisch dezente Ebene. Handgemalte Zeichnungen schaffen Kontrast wie Verbindung zu plakativen Diagrammen und Tabellen.

Mit einfachen Materialien und sensibler Gestaltung ist es gelungen, eine charakterstarke Publikation mit besonderer Wirkung zu kreieren. Kein selbstgefälliges Schulterklopfen, sondern eine selbstbewusste Kommunikation einer herausragenden Leistung.

As the largest real estate company in the state of Bremen, GEWOBA is shaping a modern urban society with innovative new construction projects. One milestone is the completion of over 400 apartments in 2019 alone. The activity report gives a picture of this success. Literally a mover's box, it sends a strong visual signal: GEWOBA has "said and done."

The central idea, design, material, and production of the report create an outstanding impression. Corrugated cardboard, graphics and typographic ideas become a sympathetic amplifier of the message. Illustration and image compositions make complex neighborhood, building, and housing concepts easy to understand. The white printing ink used throughout subtly raises the visual level of the marginalia. Hand-painted drawings create both contrast and connection to striking diagrams and tables.

Simple materials and sensitive design have been used to successfully create a publication with a strong character and a unique impact.

Jury-Kommentar

Jury comment

„gesagt getan" – GEWOBA, ein in Bremen ansässiger Bauträger mit einem Wohnungsbestand von rund 42.000 Wohnungen, packt die Dinge. Gemeinsam mit POLARWERK entwickelte das Unternehmen einen Tätigkeitsbericht, der bereits ganz anders aussieht als die Geschäftsberichte der Mitbewerber. Statt glänzendem Cover verpackt GEWOBA die Geschäftsdaten für 2019 in einen Umzugskarton. Mit Witz und Charme: Erst bei mehrmaligem Hinsehen offenbart das Werk seine inneren Werte. Etwa dann, wenn statt einer Drucknummer die Maße des Berichts auf dem Cover stehen. Wie das bei Umzugskartons eben ist. Im klassischen Berichtsmode beschreibt und kommentiert der Vorstand die unerlässlichen Daten und Fakten. Zugleich werden mit kreativer Nonchalance die Aktions- und Handlungsräume in einem (Dis-)Kurs für die Zukunft aufgezeigt: Wo und wie wollen wir in Bremen leben/wohnen? Wie entwickeln wir unsere Grünflächen weiter? Wie wollen wir in unserer vielfältigen Gesellschaft leben? „gesagt getan" – Der GEWOBA Tätigkeitsbericht punktet mit einer spannenden Idee, gewitztem Spiel mit Typografie und Illustration und überdies mit einer herausragenden technischen Produktion.

"Said and done" – GEWOBA, a Bremen-based developer with a housing stock of around 42,000 apartments, really packs things in. Together with POLARWERK, the company developed an activity report that already looks markedly different from the annual reports of its competitors. Instead of a glossy cover, GEWOBA packs the business data for 2019 in a moving box. With wit and charm: only by reviewing the materials several times does the work reveal its hidden worth. For example, the dimensions of the report are printed on the cover instead of a print number. As is the case with moving boxes. In classic report fashion, the Executive Board describes and comments on the indispensable facts and figures. At the same time, creative non-chalence is used to show the scope for action in a (dis)course for the future: Where and how do we want to live/reside in Bremen? How do we further develop our green spaces? How do we want to live in our diverse society? "Said and done." – The GEWOBA activity report scores with an exciting idea, clever play with typography and illustration, and above all an outstanding technical production.

Ludwig Schönefeld

WIRO Wohnfühl- und Geschäftsbericht 2019 „Hop-on Hop-off"

Agentur / Agency
POLARWERK GmbH
Brand- & Communication Design

Thomas Theßeling, Creative Direction
Sebastian Kühnel, Art Direction, Illustration
Marcel Koch, Final Artwork, Production
Melanie Borrs, Project Management

Auftraggeber / Client
WIRO Wohnen in Rostock,
Wohnungsgesellschaft GmbH

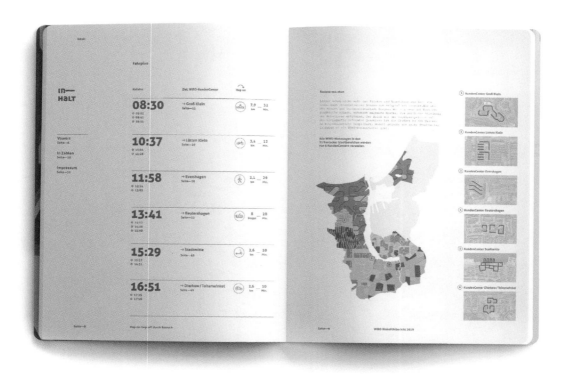

Das Projekt

The project

WIRO, Rostocks größtes Wohnungsunternehmen, setzt seinen Fokus auf das Schaffen von Wohnraum mit besonderem Wohlfühlfaktor. Der WIRO Wohnfühl- und Geschäftsbericht 2019 nimmt den Leser mit auf eine Hop-on-hop-off-Stadtrundfahrt durch Rostock und macht WIROs Engagement für die Stadt und ihre Menschen erlebbar.

Form und Gestaltung des Berichts ermöglichen es dem Leser, die Stadt aus einer ganz neuen Perspektive kennenzulernen. Urbane Strukturen werden zu grafischen Leitmotiven, Inhalte werden durch Collagen, Illustrationen und Fotos erlebbar gemacht. Nachhaltige Materialien sorgen für eine angenehme Haptik, und eingesteckte Postkarten laden den Leser zum Teilen seiner Erlebnisse ein.

Die Berichte werden in einem roten Turnbeutel verschickt, der die Idee des Entdeckens und des neuen Mobilitätsgefühls auf eine visuelle und haptische Ebene hebt und die Berichte als geschätztes wie praktisches Mitbringsel einrahmt.

Die kreative und menschennahe Inszenierung des Berichts als Stadtrundfahrt und die physikalische Inszenierung dieses Konzepts hebt WIRO aus der Masse anderer großer Immobilienunternehmen heraus.

WIRO, Rostock's largest housing company, focuses on creating living space with a special feel-good factor. The WIRO Wohnfühl and Annual Report 2019 takes the reader on a hop-on-hop-off city tour of Rostock and makes WIRO's commitment to the city and its people tangible.

The form and design of the report allow the reader to get to know the city from a whole new perspective. Urban structures become graphic leitmotifs, content is made tangible through collages, illustrations and photos. Sustainable materials provide a pleasant feel and inserted postcards invite readers to share their experiences.

The reports are mailed in a red gym bag that elevates the idea of discovery and a new sense of mobility to a visual and tactile level, framing the reports as a valued as well as practical takeaway.

The creative and human-centric staging of the report as a city tour and the physical staging of this concept sets WIRO apart from the crowd of other large real estate companies.

Jury-Kommentar

Jury comment

Das Äußere – ein roter Turnbeutel, den man sich wie einen Rucksack umhängen kann – macht neugierig. Und das Innere – zwei Büchlein, die sich zum einen als „Reiseführer" zu den WIRO-Aktivitäten in Rostock und zum anderen als „Fahrplan" rund um die Zahlen der WIRO-Bilanz und des WIRO-Jahresabschlusses herausstellen – überzeugt genauso. Da lässt man sich gerne einen Moment länger auf die „Hop-on-hop-off-Statdrundfahrt" ein und lernt nicht nur Stadt und WIRO besser kennen, sondern auch das nicht zu unterschätzende Engagement des größten Wohnungsunternehmens vor Ort. Die schön getextete, gestaltete und illustrierte Arbeit – die obendrein auch noch von der Entwicklung bis zum Druck klimaneutral umgesetzt wurde – würdigt die Jury mit Bronze.

The outside – a red gym bag that you can wear like a backpack – arouses curiosity. And the inside – two booklets that turn out to be a "travel guide" to WIRO activities in Rostock on the one hand, and a "timetable" around the figures of the WIRO balance sheet and the WIRO annual financial statements on the other – is just as convincing. One is happy to take a moment longer on the "hop-on-hop-off sightseeing tour" and not only get to know the city and WIRO better, but also to understand the level of commitment of the largest local housing company, which should not be underestimated. The beautifully written, designed and illustrated work – which was produced in a climate-neutral manner from development to printing – was awarded bronze by the jury.

Jamal Khan

Jahresbericht „Beziehungen gestalten"

Agentur / Agency
Bernd Vollmöller Kommunikationsdesign

Bernd Vollmöller, Creative Direction/Art Direction

Auftraggeber / Client
Stiftung Waisenhaus – Stiftung des öffentlichen Rechts

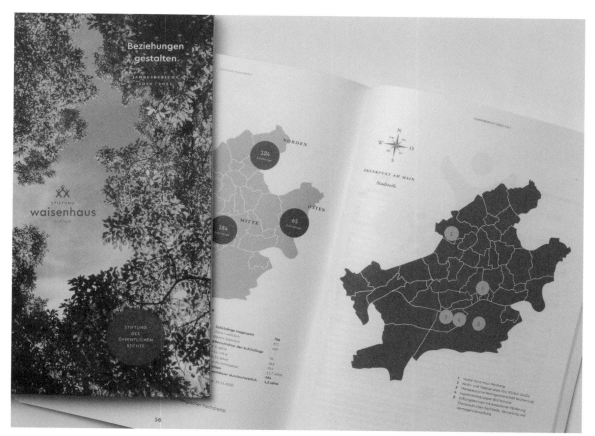

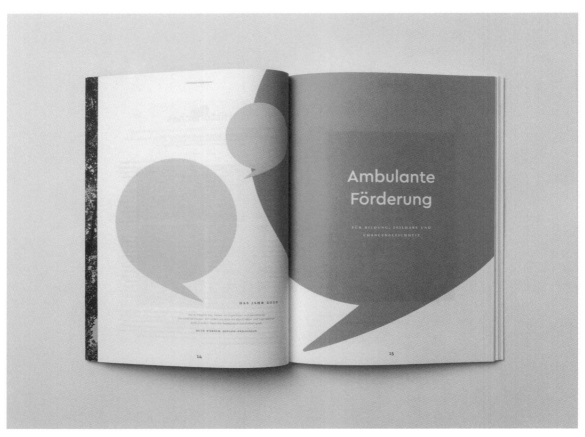

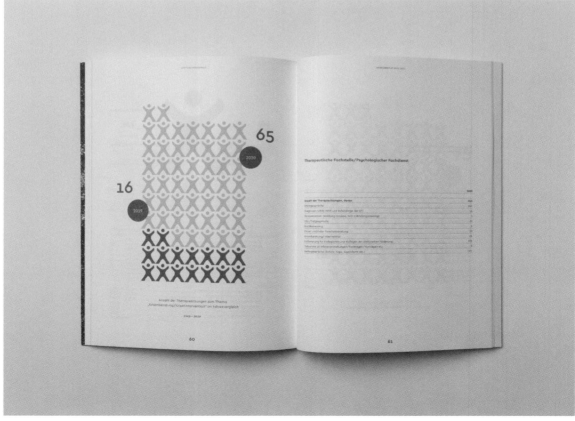

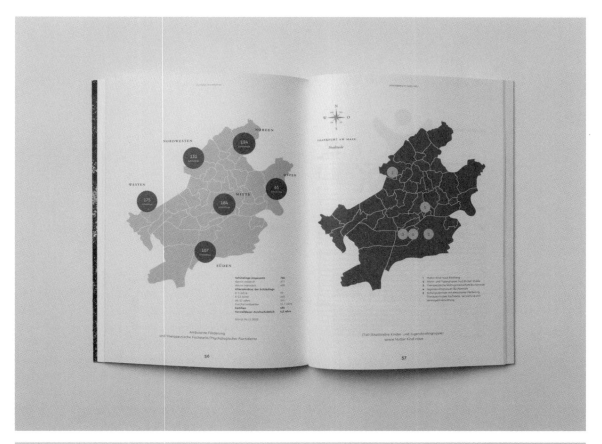

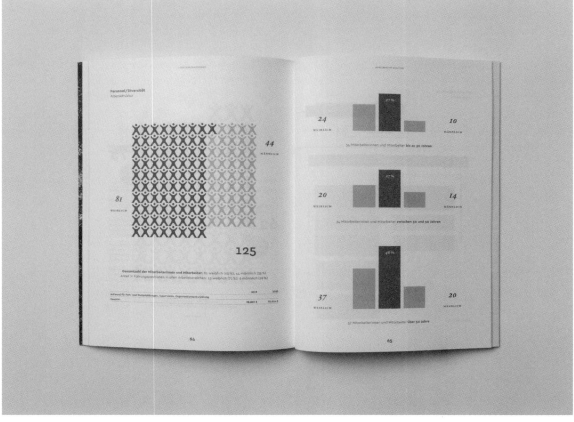

Das Projekt

The project

Die „Stiftung Waisenhaus" wurde 1679 gegründet und gehört zu den ältesten Stiftungen in Frankfurt am Main. Sie ist ein traditionsreicher und zugleich etablierter Träger der Kinder- und Jugendhilfe.

Der Titel des Jahresberichts „Beziehungen gestalten" beschreibt den Kern des Wertekanons der Stiftung. Deshalb lässt der Bericht vor allem jene Menschen zu Wort kommen, die für die „Stiftung Waisenhaus" arbeiten oder sich mit ihr eng verbunden fühlen. Denn das Engagement ihrer Mitarbeiterinnen und Mitarbeiter sowie die vielfältigen persönlichen Kontakte sind für die Arbeit der Stiftung von zentraler Bedeutung.

Das neue Corporate Design der „Stiftung Waisenhaus" präsentiert sich in diesem Jahresbericht zum ersten Mal und will Beziehungen vereinfachen. Ein plakatives Farbsystem für die verschiedenen Einrichtungen der Stiftung ermöglicht eine schnelle Orientierung. Die „Sprechblase" steht als Symbol für Dialog im Mittelpunkt der Gestaltungswelt. Denn gerade denjenigen, die Hilfe brauchen, möchte die „Stiftung Waisenhaus" nicht wie eine Institution, sondern partnerschaftlich auf Augenhöhe begegnen.

The "Stiftung Waisenhaus" (Orphanage Foundation) was founded in 1679 and is one of the oldest foundations in Frankfurt am Main. It is rich in tradition and at the same time an established provider of child and youth welfare.

The title of the annual report "Shaping Relationships" describes the core of the foundation's canon of values. For this reason, the report primarily gives a voice to those people who work for the "Stiftung Waisenhaus" or who feel closely associated with it. After all, the commitment of its employees and the many personal contacts are of central importance to the foundation's work.

The new corporate design of the "Stiftung Waisenhaus" presents itself for the first time in this annual report and aims to simplify relationships. A striking color system for the various facilities of the foundation enables quick orientation. The "speech bubble" is at the center of the design world as a symbol for dialog. After all, it is precisely those who need help that the "Stiftung Waisenhaus" wants to approach not as an institution, but as as equal partners.

Jury-Kommentar

Jury comment

Hält man den Jahresbericht der „Stiftung Waisenhaus" in den Händen, erwartet man nicht unbedingt ein so angenehm zurückhaltend gestaltetes Werk. Der Innenteil des Berichts ist sehr hell, freundlich und offen angelegt. Man nahm sich die Freiheit, mit viel Weißraum, hellen Fotos und gedeckten Farbtönen zu arbeiten, was dem Bericht eine ruhige und sachliche Ausstrahlung verleiht. Typografisch folgt er einem klaren Konzept, das durch die Idee der zwei farbigen Sprechblasen sehr lebendig wird und das Heft klar gliedert. „Beziehungen gestalten" als Kernbotschaft der Stiftung in diesem Jahr wird somit sehr eingängig und plakativ umgesetzt. Die durchgängig authentisch fotografierten Protagonistinnen und Protagonisten verleihen dem Bericht zudem die nötige Portion Seriosität.

When you hold the annual report of the Stiftung Waisenhaus in your hands, you don't necessarily expect such a pleasantly restrained design. The interior of the report is very bright, friendly and open. We took the liberty of working with a lot of white space, bright photos and muted colors, which gives the report a calm and businesslike appearance. Typographically, it follows a clear concept, enlivened by two colored speech bubbles that clearly give the booklet a clear structure. "Shaping relationships" as the core message of the foundation this year is thus realized in a very engaging and striking way. The protagonists, who are authentically photographed throughout, also lend the report the necessary measure of seriousness.

Michael Rösch

CHANCEN

Agentur / Agency
bp Content

Leonard Prinz, Senior Projectmanager
Martin Häusler, Projectmanager
Thomas Elmenhorst, Art Director
Jana Kühle, Photo Editor
Thomas Haas, Schirmer Medien
Alexander Langenhagen, Edelweiß Publish

Auftraggeber / Client
KfW (Kreditanstalt für Wiederaufbau)

Bernd Salzmann, Zentralredaktion KfW

CHANCEN / Kolumne

Schön getanzt in Jugoslawien

EINE KOLUMNE VON **SAŠA STANIŠIĆ**

SAŠA STANIŠIĆ gehört zu den gefeierten Schriftstellern seiner Generation. Geboren 1978 in Višegrad, floh er 1992 vor dem Bosnienkrieg nach Deutschland. Mehrfach ausgezeichnet, landete er zuletzt mit „Herkunft" einen Bestseller.

Der Krieg in Kroatien begann 1991. Ich war dreizehn Jahre alt, lebte fünfhundert Kilometer von den Schüssen entfernt und ich konnte, noch nachdem die Nachrichten und alle Gespräche voll von dem Krieg waren, nicht glauben, dass er wirklich wahr war. Ich konnte nicht glauben, dass Nachbarn und Kollegen aufeinander losgingen und Jugoslawien auseinanderfiel. Vor allem konnte ich nicht glauben, dass Tito nicht sofort aus seinem Grab aufstand, um mit einer Zombie-Armee ehemaliger Funktionäre in Kroatien aufzuräumen.

Eine andere wichtige Sache, die ich nicht glauben konnte, war, dass Nataša lieber mit den anderen Saša tanzen wollte, dem mit der Tolle, als mit mir, während unseres Antikriegsfestes im Restaurant „Garten".

Sonst war das Fest ein voller Erfolg, obwohl es nicht wie erhofft zum Frieden geführt hatte, sondern ein paar Monate später auch in Bosnien die ersten Schüsse fielen, aber gut. Wir, ein Dutzend Acht- bis Vierzehnjähriger, schmückten die Tische mit dem roten Stern und hängten Jugoslawische Fähnchen und Tannenkränze an die Wände. Die Kränze sollten für Frieden stehen, aber in Wirklichkeit sahen sie aus, als käme Väterchen Frost gleich durch die Tür.

Wir rezitierten Lobeslyrik auf Jugoslawien. Auf die Gemeinschaft, die Kindheit, die Liebe. Ich speziell rezitierte Verse auf die Liebe und sah dabei zu Nataša, die im Publikum saß und nicht zu mir sah. Jemand sang ein Partisanenlied, ein anderer einen amerikanischen Popsong. Es gab eine Kindertalkshow mit Gästen, die zu Themen wie „Dinosaurier" und „Antifaschismus" etwas zu sagen hatten. Meine Großmutter organisierte die Tombola und gewann selbst.

Was für eine schöne Vergeblichkeit. In den letzten Zuckungen Jugoslawiens feierten wir Jugoslawien so naiv und fantastisch und eben vergeblich, wie Jugoslawien als Idee auch gewesen war: eine Welt aus Gleichen, die weder durch Herkunft noch durch Religion getrennt werden sollten, und

in der alle die gleichen Rechte genossen. Mit gesundem Sozialismus, mit Reise- und Meinungsfreiheit – es sei denn, du hast die Meinungsfreiheit so wörtlich genommen, dann war es auch schnell mal aus mit deiner Reisefreiheit.

Am Abend spielte Musik „Wind of Change" von den Scorpions war mein Lieblingslied zu der Zeit, und ausgerechnet dazu tanzte also Nataša mit Saša, dem mit der Tolle.

Ziemlich genau ein Jahr nach dem Fest wird ein serbischer Söldner meine Großmutter fragen, wie sie zulassen konnte, dass ihr Sohn eine „Türkin" heiratet. Die Häuser der muslimischen Bevölkerung sind da bereits Brandruinen.

„Rassisten sind grundsätzlich unhöfliche Menschen", soll mein Großvater einmal gesagt haben. Es ließ sich in Jugoslawien lange Zeit gut gegen Rassismus und Faschismus sein. Umso unerhörter erscheint die Selbstverständlichkeit, mit der in den Neunzigern Rassisten in Belgrad, in Zagreb, in Vukovar und auch in Višegrad aufmarschierten. Welten vergehen, stellt man sich denen, die sie vergehen lassen wollen, nicht früh und entschieden in den Weg.

2018 erst habe ich Nataša wiedergesehen. Der Krieg hatte unsere Wege weit auseinandergelegt. Wir sprachen lange, erinnerten uns auch an unser Friedensfest, an die unbeschwerte Jugend, in der vieles möglich schien für viele und dann für viele so vieles unmöglich wurde.

Ich verriet Nataša, dass ich gern mit ihr getanzt hätte damals. Sie wunderte sich, sagte, wir haben doch getanzt, sie erinnere sich sogar an das Lied – „Wind of Change".

„War es schön?", fragte ich. „Haben wir schön getanzt in Jugoslawien?"

Sie lachte, weil die Frage immens komisch war, doch dann sagte sie mit großem Ernst: „Ja, wir haben schön getanzt in Jugoslawien."

Hier liest Ihnen Saša Stanišić seine Kolumne persönlich vor))) kfw.de/stories/68.html

58

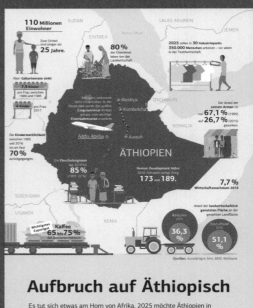

Aufbruch auf Äthiopisch

Es tut sich etwas am Horn von Afrika. 2025 möchte Äthiopien in die Liga der Schwellenländer aufgestiegen sein. Diese große Vision wird von einem breiten KfW-Engagement unterstützt.

TEXT AMREI SCHOMMERS GRAFIK ANDREW TIMMINS FOTO MAURICE KOHL

48

Neue alte Heimat

Nach der Wiedervereinigung zog Russland seine Truppen aus Deutschland ab. Im Gegenzug finanzierte die Bundesrepublik moderne Wohnsiedlungen für die Rückkehrer. Was ist aus den Menschen geworden? Ein Ortsbesuch.

TEXT ALIX BERGERET FOTOS KARINA HEUTERMANN

Heimgekommen: Iwan begrüßt die Offiziersfamilien Ploskow, Gapitonow und Roganowew auf der Militärparade, die sie 50 Jahre Kameradengerühmt.

CHANCEN

Mehrgenerationendorf: In der Wohnung von Wlad Aschpeikin spielen seine Kinder Kirill und Andrej (l.). Deren Großvater nimmt an der Militärparade teil (u. l.)

Vorbildlich: Die Schuldirektorin Swetlana Sergjewna ist stolz auf die moderne Ausstattung und den baulichen Zustand der Schule. Zwei Schweinställen, interaktive Tafeln in jeder Klasse und eine Kantine, die auch den Dorfbewohnern offensteht – das sind starke Argumente für junge Familien mit Kindern, nach Agalatowo zu ziehen.

in Agalatowo niedergelassen hat. Ihr ältester Sohn geht in die Schule, die sie auch besuchte. Die Lehranstalt wurde damals für die Offizierskinder zusammen mit den Häusern errichtet. Ein bemerkenswerter Zufall: Die Wohnung, in der sie wohnen, hat ihr Mann Alexej Roganowew mitgebaut. Als junger Arbeiter bei ihm die moderne Bauweise auf. „Alles war neu für uns, die Materialien und die Art des Bauens", schwärmt er. So pflegen die Bewohner von Agalatowo bis heute das hochwertige Parkett oder die Fenster mit doppelten Holzrahmen. „Wir tun alles, damit die Elemente möglichst lang erhalten bleiben", sagt Ehefrau Antonida.

Auch die Kinder der Aschpeikins sind in Agalatowo geblieben. Der 54-jährige Slawa lebt momentan mit seiner fünfjährigen Tochter Anschelika in der elterlichen Dreizimmerwohnung. Sein Bruder Wlad, 35, hat eine eigene, identische Wohnung aus dem „finnischen Baubestand" ergattern. 78 Quadratmeter für fünf Millionen Rubel, knapp 70 000 Euro. Viel Geld für eine Familie mit drei Kindern. „Ich komme aus Sankt Petersburg", sagt Ehefrau Nastja. „Eine komme ich so nie nicht vorstellen, im Dorf zu wohnen, aber etwas Besseres hätte mir nicht passieren können." Zwar müssen sie alle nach Sankt Petersburg zur Arbeit pendeln, was zwei Stunden dauert, denn aber fehlende Arbeitsplätze scheinen der einzige Nachteil von Agalatowo zu sein.

Was das Leben dort so glücklich macht, ist der Zusammenhalt. Manche Nachbarn verbindet seit 1977 die Militärlaufbahn: erst Kasachstan, dann Afghanistan, Parchim, Tschetschenien. „Besonders zusammengeschweißt hat uns die Zeit, in der wir in Wohnheimen auf der Fertigstellung der Häuser warteten", erzählt Michail bemüßigee der ebenfalls in Parchim gedient hat. 17 Familien leben dort wie eine große. Man teilte Küche, Essen, Sorgen. Und natürlich feierte man zusammen. Deshalb ist auch der 17. August so wichtig, so bemüßigee, der für die Organisation zuständig ist, vor allem, seit das Regiment im Jahr 2000 aufgelöst wurde. „Das hat mit unserer Identität zu tun".

Diese besondere Atmosphäre von Agalatowo lockt auch die jungen Leute aus der Umgebung. Wie die beiden Schulleiterinnen Daria Dempionowitsch und Anna Schrenitowa, die fünf Kilometer entfernt wohnen und sich für das Fest am 17. August auf ihre Motorräder setzen. „Wir kommen gern hierher, und nicht nur, wenn es etwas zu feiern gibt", sagt die 16-jährige Daria. „Man spürt, dass die Menschen hier von besonderem Schlag sind. Viele von ihnen sind Soldaten, Flieger, Veteranen, mit einem Wort: unsere Helden."

Dass Agalatowo eine Zukunft hat, sieht man an den vielen Baukränen, die das Dorffeld prägen. Junge Familien zieht es massenweise hierher. In der Hälfte der 39 Schulklassen lernen Grundschüler. Sie wachsen heran mit Blick auf die beiden Holzschrauber an den Ortseinfahrt und einem starken Bewusstsein für die Vergangenheit.

Der Baum, den Helmut Lamp den Russen in Parchim mitgegeben hatte, hat übrigens nicht überlebt. Der Winter 1992 war zu hart. Am 17. August 2019 pflanzte Agalatowo feierlich einen neuen: für die deutsch-russische Freundschaft.

Einen Film über die Feierlichkeiten in Agalatowo finden Sie auf 3U kfw.de/storiers/6-7.html

54

55

Das Projekt

The project

CHANCEN war das B2B-Kundenmagazin der KfW. Es erschien zweimal im Jahr in einer Druckauflage von rund 31.000 Exemplaren. Ergänzt wurde es vom digitalen Magazin „Stories". Zielgruppe waren Entscheiderinnen und Entscheider aus Politik und Wirtschaft. Das Sonderformat CHANCEN KOMPAKT lag dem „Handelsblatt" bei.

Aufgabe des Magazins war es stets, Informationen zu Förderprojekten und Zielen der KfW bereitzustellen, Perspektiven aufzuzeigen und relevantes Hintergrundwissen zu liefern.

bp Content hat gemeinsam mit der KfW für jedes Heft ein Motto bestimmt – die hier gezeigte Ausgabe beschäftigte sich mit dem Fall des Eisernen Vorhangs und den Folgen für Europa. Alle Beiträge sind von der Agentur mit namhaften Journalist:innen, Fotograf:innen und Illustrator:innen produziert worden. Aufwendige Infografiken verdichten und visualisieren komplexe Sachverhalte.

Aufgabe von bp Content war es, das KfW-Magazin über den gesamten Entstehungsprozess zu begleiten – vom leeren Blatt Papier bis zum fertigen Druckprodukt. Besonderes Augenmerk legte die Agentur dabei stets auf drucktechnische Besonderheiten wie achtseitige Klapper, Poster oder Leporellos als Beileger.

CHANCEN was KfW's B2B customer magazine. It was published twice a year with a print run of around 31,000 copies. It was supplemented by the digital magazine Stories. The target group was decision-makers from politics and business. The special format CHANCEN KOMPAKT was included with Handelsblatt.

The magazine's task was always to provide information on KfW's promotional projects and goals, to highlight perspectives and to provide relevant background knowledge.

Together with KfW, bp Content determined a motto for each issue – the issue shown here dealt with the fall of the Iron Curtain and its consequences for Europe. All articles were produced by the agency employing renowned journalists, photographers and illustrators. Elaborate infographics condense and illuminate complex issues.

The task of bp Content was to accompany the KfW magazine throughout the entire development process – from the blank sheet of paper to the finished print product. The agency consistently paid particular attention to special printing features such as eight-page folders, posters and fanfold inserts.

Jury-Kommentar

Jury comment

Das Magazin CHANCEN überzeugt durch seine solide Qualität gleich auf mehreren Ebenen: Redaktioneller Inhalt, Narration, Tonalität, Bildkonzeption, Typografie, Grafik, Haptik und Layout/Satz sind mit hohem Sinn und Sachverstand für die Inszenierung der durchweg interessanten Reportagen durchgestaltet. So wird das Magazin zu einem hervorragenden Mittler zwischen Marke (KfW), dem jeweiligen Schwerpunktthema und seiner exklusiven Leserschaft. Unaufdringlich, zeitlos modern, seriös informativ und zugleich kurzweilig konsumierbar. Im Editorialdesign – vor allem als regelmäßig erscheinende Publikation – eine stetige Herausforderung für die Artdirection. Denn vorgefertigte Templates oder perfekte digitale Redaktionssysteme machen noch lange kein interessantes, lesenswertes, konsumierbares Magazin. Das KfW-Magazin CHANCEN ist ein preiswürdiges Gesamtkonzept, das alle redaktionellen und gestalterischen Diziplinen auf sehr hohem Niveau vereint.

The magazine "CHANCEN" convinces with its solid quality, on several levels: editorial content, narration, tonality, image conception, typography, graphics, haptics and layout/typesetting are designed with a high level of understanding and expertise for presenting a consistently interesting reportage. This makes the magazine an excellent intermediary between the brand (KfW), the respective focus topic and its exclusive readership. Unobtrusive, timelessly modern, seriously informative and at the same time entertainingly readable. Editorial design, especially in recurring publication, creates a constant challenge for art direction. Pre-fabricated templates and perfect digital editorial systems do not necessarily make an interesting, worthwhile, easily readable magazine. The KfW magazine "Chancen" is an award-worthy total concept that unites all of the editorial and creative disciplines at a very high level.

Ansgar Seelen

BÜHNE

Agentur / Agency
Red Bull Media House GmbH

Stefan Ebner, Managing Director
Andreas Kornhofer, Publisher/Managing Director
Atha Athanasiadis, Editor-in-Chief
Klaus Peter Vollmann, Deputy Editor-in-Chief
Patrick Schrack, Art Direction
Mathias Blaha, Projectmanagement
Sarah Wetzlmayr, Chief Reporter
Julia Schilly, BÜHNE Online
Kerstin White, Photo Editor
Veronika Felder, Production
Martin Brandhofer, Production
Markus Neubauer, Production

Auftraggeber / Client
Wiener Bühnenverein (Medieninhaber/Herausgeber)

N°7
MÄRZ 2021

HIER SPIELT DAS LEBEN.

5,50 EURO

Juliette Khalil & Drew Sarich,
Volksopern-Stars

BÜHNE

B

Wehe, wenn alle Wünsche wahr werden

Im Musical-Märchen „Into the Woods" müssen Rotkäppchen und der böse Wolf auf die Couch.

+++ ELĪNA GARANČA +++ JETHRO COMPTON +++ ANDREA BRETH +++ GEORG ZLABINGER +++ MARESI RIEGNER +++ SABINE HAUPT +++
+++ DOMINIK HEES +++ MARIA BILL +++ CLAUDIUS VON STOLZMANN +++ SIMON STONE +++ RAPHAEL VON BARGEN +++

Cover

VOLKSOPER

Juliette KHALIL *&Drew* SARICH

Geschichten aus dem Märchenwald

Der böse Wolf ist ein Opfer. **Rotkäppchen** wird ziemlich aggressiv.
Prinzen sind keine Traummänner. Und ein **Happy End** gibt's auch nicht.
Schön ist es trotzdem: **Juliette Khalil** und **Drew Sarich** locken **„Into the Woods"**.

Text: KLAUS PETER VOLLMANN *Fotos:* CHRISTIAN ANWANDER
Styling: SAMMY ZAYED *Hair & Make-up:* LYDIA BREDL

18

Kostüm und Maske.
Juliette Khalil und Drew Sarich
tauchen als Rotkäppchen und
der böse Wolf im Fotostudio tief
ein in ihre vielschichtigen Rollen.

STYLING: JACKE ANN DEMEULEMEESTER, LEDERWESTE SAINT LAURENT, HUT STEPHEN JONES, SIEGELRING HUEGLER, OVERALL PRIVAT

Drew SARICH

Drew Sarich
Alter: 45 Jahre
Wohnort: Wien
Geburtsort:
St. Louis, USA

Von „Jesus Christ
Superstar" bis zu
„Les Misérables", von
„Tanz der Vampire"
bis zu „Sister Act",
von „Rocky" bis
zu „Vivaldi". Drew
Sarich zählt zu den
Stars der Musical-
branche, er spielte
am New Yorker
Broadway und am
Londoner West End.

Kraft der Verwandlung.
Drew Sarich in der Rolle des Robert Baker in Leonard Bernsteins „Wonderful Town" und mit feuerrotem
Haarschopf bei seinem Volksopern-Debüt in der BaRock-Oper „Vivaldi – Die fünfte Jahreszeit".

VOLKSOPER

Eigentlich sollte es selbstverständlich sein,
dass Schauspieler sich für das, was sie tun, begeistern
können. Nicht ganz so selbstverständlich ist, wenn
sich die Spielfreude über das eigentliche berufliche
Tun hinaus bis in die Bewerbung desselben erstreckt.

Demnach darf man es ein Geschenk nennen, was
Juliette Khalil und Drew Sarich beim Fotoshooting
für die Coverstory der BÜHNE an hemmungs-
loser Lust und bedingungslosem Spaß einbrachten.
Kein Outfit zu extravagant, keine Pose zu verwe-
gen, keine Regieanweisung zu unkonventionell, als
dass man es nicht probieren könnte. Unterhaltungs-
künstler. Durch und durch.

Das konveniert durchaus mit dem Grund des
Zusammentreffens: Juliette Khalil und Drew Sarich
probieren gerade für die Premiere von „Into the
Woods". Stephen Sondheims Musical aus dem Jahr
1987, das in seiner Filmfassung mit Meryl Streep
und Johnny Depp 2014 die Massen in die Kinos
lockte, ist ebenso amüsant und ironisch wie intelligent und doppelbödig.

Sondheim und sein kongenialer Partner James
Lapine verarbeiten darin drei bekannte Grimm-
Märchen – „Aschenputtel", „Rotkäppchen" und
„Rapunzel" – sowie das englische Volksmärchen
„Hans und die Bohnenranke" und geben dem Gan-
zen auch noch eine Rahmenhandlung. Den gesamten Plot zu erzählen würde nicht nur den umfäng-
lichen Rahmen sprengen, sondern auch die Nerven
der geschätzten Leserschaft allzu strapazieren.

Nur so viel: Zu Beginn wünscht sich ein Bäcker-
paar sehnlichst ein Kind, wofür es allerdings durch
eine Hexe von einem alten Fluch befreit werden
muss. Aschenputtel wünscht sich bekannter-
maßen, am Ball des Königs teilnehmen zu dür-
fen, wogegen Stiefmama und Stiefschwestern →

Das Projekt

The project

BÜHNE. Ein wahrer Lustmacher, der die Liebe zu Thea-ter, Musiktheater und Oper sowie zur Kultur insgesamt befeuert oder neu entfacht – unter diesem Motto entwickelte der Wiener Bühnenverein gemeinsam mit dem Red Bull Media House Publishing das Magazin BÜHNE, das Österreichs Kultur-schaffende ins Rampenlicht stellt und das vielfältige Programm der einzelnen Häuser präsentiert.

BÜHNE: a true source of pleasure that fuels and rekindles the love of theatre, musical theater, and opera – as well as culture in general. This is the motto developed by the Wiener Bühnen-verein and Red Bull Media House in publishing the magazine BÜHNE, which places Austria's cultural creators in the limelight and showcases the wide range of programming in the individ-ual theaters.

Jury-Kommentar

Jury comment

Mit einem Printmedium Lust und Appetit auf Kultur schaffen. Ein hoher Anspruch in diesen schweren Zeiten, wo allerorts Zurückhaltung herrscht für den Besuch von Theater-, Opern- oder Musikbühnen. Mit dem Magazin BÜHNE gelingt dies auf überzeugende Weise. Die Vielfältigkeit der einzelnen Wiener Kulturhäuser wird hier gekonnt mit durchgängig professioneller Fotografie, mit abwechslungsreich eingesetzter Typografie und spritzigen Texten dargestellt. Jede Doppelseite ist ein Fest für die Augen: Virtuos gesetzte Headlines werden gehalten von einer klaren Struktur der Copytexte. Die großzügig gestalteten Seiten behaupten sich durchgängig gegenüber den vorgegebenen Anzeigen. Die Unterhaltung beginnt schon hier, schon weit vor dem Besuch einer Bühne.

Creating a desire and appetite for culture with a print medium. This is a high demand in these difficult times, when people everywhere are reluctant to visit theaters, opera houses or music venues. The magazine "Bühne" succeeds in a convincing way. The diversity of Viennese cultural institutions is skillfully presented here with professional photography, richly varied typography and lively copy. Each double-page spread is a feast for the eyes: skillfully placed headlines are supported by clear text design. The generously arranged pages consistently hold their own against the predetermined ads. Entertainment starts here, well before a visit to a performance.

Michael Rösch

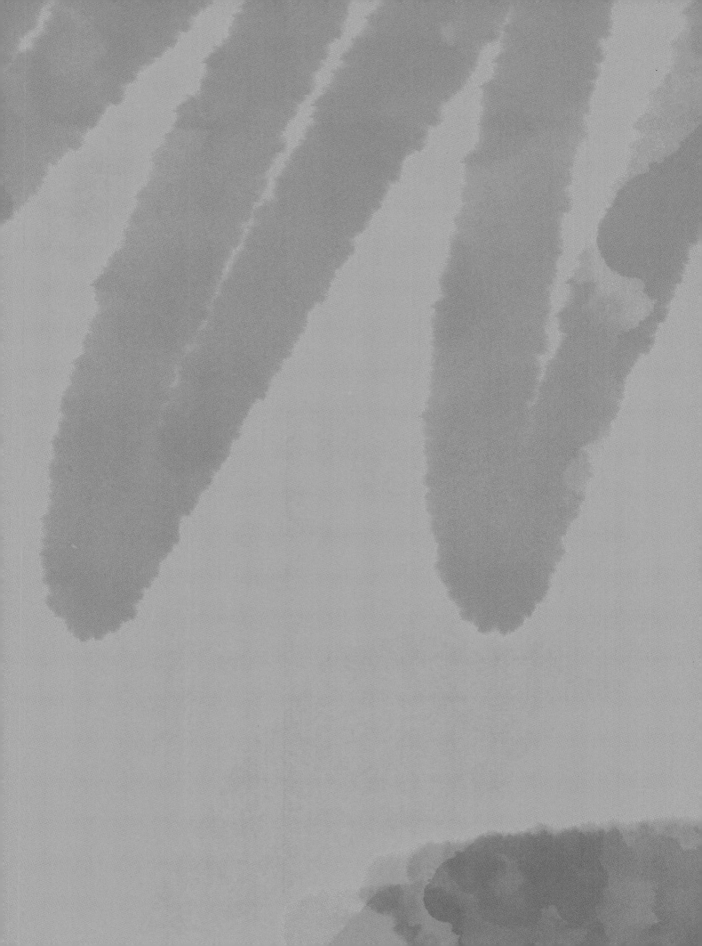

Diploma

„BLASIUS SCHUSTER – EIN GRAUBUCH"

Agentur / Agency
team tietge

Stefan Hilberer, Grafik Designer (Art Direction)
Patrick Czelinski, Editor (red. line)
Jigal Fichtner, Photografie
Dimitri Dell, Photografie
Jan Reiff, Photografie
Micha Bode, Photografie

Auftraggeber / Client
Blasius Schuster KG

ES IST einfach
zu **SCHADE,** unsere
Erde zu **ENTSORGEN.**
BLASIUS SCHUSTER
bereitet sie lieber auf!

SO BEGINNT DAS JUBILÄUMSBUCH des Frankfurter
Wiederverwerters mineralischer Baustoffe, das
aber eigentlich gar keines sein will. Vielmehr
beschäftigt sich das bildgewaltige Werk mit
Themen, die weit über die ansonsten gängige
Selbstbeweihräucherung hinausgehen.

**BLASIUS
SCHUSTER**   ✕   **team tietge.**

BLASIUS
SCHUSTER   ✕   team tietge.

BAGGER, KRÄNE, RADLADER
Wie variantenreich Abbruchma-
terial ist, zeigt ein Luftbild
vom Hafengelände in Frankfurt,
wo Kran Emil 2.0 die Lkw
belädt. In der großen Aufberei-
tungshalle sind die Mitarbeiter
in Radladern unterwegs

Das Projekt

The project

„Willkommen in der Welt von Blasius Schuster. Ab hier wird es staubig, laut, steinig und ganz schön spannend ...“ So beginnt das Jubiläumswerk, das die Offenburger Agentur team tietge für den Entsorgungsriesen Blasius Schuster mit Hauptsitz in Frankfurt am Main aus gleich zwei Anlässen produziert hat: Sowohl Geschäftsführer Paul Schuster als auch das Unternehmen selbst feierten 2021 den 75. Geburtstag. Aber das 148-seitige Werk ist mehr als nur eine Chronik. Es ist die bildgewaltige Bestandsaufnahme eines Unternehmens, das es geschafft hat, von der kleinen Westerwälder Spedition zu einem von Europas Marktführern auf dem Gebiet der Kreislaufwirtschaft für mineralische Baustoffe zu werden – mit einer beeindruckenden Recycling-Quote von 95 Prozent. Blasius Schuster packt Nachhaltigkeit an. Täglich im Doing, aber auch mit diesem Buch, das bewusst – in graue Recycling-Pappe gehüllt – auf Understatement setzt. Wortgewandt erzählt es anhand von Berichten, Reportagen und Interviews von der Geschichte, Gegenwart und Zukunft des Unternehmens. Und die Botschaft ist klar: Es ist einfach zu schade, unsere Erde zu entsorgen. Blasius Schuster bereitet sie lieber auf ...

Welcome to the world of Blasius Schuster. From here on, it will get dusty, loud, rocky and very exciting ... This is how the anniversary work for the waste disposal giant Blasius Schuster, headquartered in Frankfurt am Main, begins. This commemorative work was produced by Offenburg agency team tietge to honor two occasions at once: both CEO Paul Schuster and the company itself celebrated their 75th birthdays in 2021. The 148-page work is more than just a chronicle – it is a visually stunning inventory of a company that has managed to grow from a small trucking company in the Westerwald region to one of Europe's market leaders in the field of recycling management for mineral building materials – with an impressive recycling rate of 95 percent. Blasius Schuster tackles sustainability every day in its work and also with this book, which – deliberately wrapped in gray recycling cardboard – focuses on understatement. It is an eloquent narration of the company's history, present, and future through reports, features, and interviews. And the message is clear: It is simply destructive and wasteful to throw away our earth. Blasius Schuster prefers to prepare it for ...

Jury-Kommentar

Jury comment

Ein „Wiederverwerter mineralischer Baustoffe" – was zunächst alles andere als spannend klingt, schlägt mit dem Buch zum 75. Jubiläum von Blasius Schuster ganz neue Seiten auf. Was hier vom Weg des Einmannbetriebs zur Unternehmensgruppe über den jährlichen Umschlag mehrerer Millionen Tonnen Baurestmassen und Baustoffe bis hin zur Rückführung mineralischer Rohstoffe in den Stoffkreislauf beschrieben und gezeigt wird, ist anregend, lehrreich und macht Spaß. Das liegt zum einen an den tollen Fotos aus Bereichen, die man – wenn man in diesem Umfeld nicht arbeitet – eigentlich nie zu sehen bekommt. Und zum anderen an den dazugehörigen Texten, die mit so viel Liebe, Akribie und Wortwitz geschrieben sind, dass man sich liebend gern auf eine längere Reise durch die Welt des mittlerweile führenden Logistik- und Entsorgungsdienstleisters einlässt. So viel Gutes zeichnet die Jury auch gerne aus – mit Diplom für Text und Diplom für Foto.

A "recycler of mineral building materials" – what at first sounds anything but exciting turns a whole new page with the book celebrating Blasius Schuster's 75th anniversary. What is described and depicted here, the path of one-man operation to a large group of companies via an annual turnover of several million tons of construction waste and building materials, to the return of mineral raw materials to the material cycle, is stimulating, instructive and fun. This is due, on the one hand, to the fantastic photos from areas that one – if one does not work in this environment – never actually gets to see. And on the other hand, it is due to the accompanying texts, which are written with so much love, meticulousness and wit that one is happy to embark on a longer journey through the world of what has become the leading logistics and waste disposal service provider. It gives the jury great pleasure to reward such good work – with a diploma for text and a diploma for photo.

Jamal Khan

Campus 33104

Agentur / Agency
Heine Warnecke Design GmbH

Dirk Heine, Konzept, Gestaltung, Fotografie
Daniela Stein, Reinzeichnung, Bildbearbeitung,
Produktion

Auftraggeber / Client
LIRA service GmbH

Jasmin Iredi, Text
Stefanie Hecker, Translation
Wegener Bauunternehmen GmbH & Co. KG,
Drone Photography
Georgi Dobrikov, InLink, Drone Photography
Katharina McLaughlin, Prooffice, Drawings
Paul Vedder, Drawings
Arpád Ferdinánd, Architecture
Alexandar Jordanov, InLink, Interior Design
Teodor Hristov, InLink, Interior Design
Gutenberg Beuys, Realization

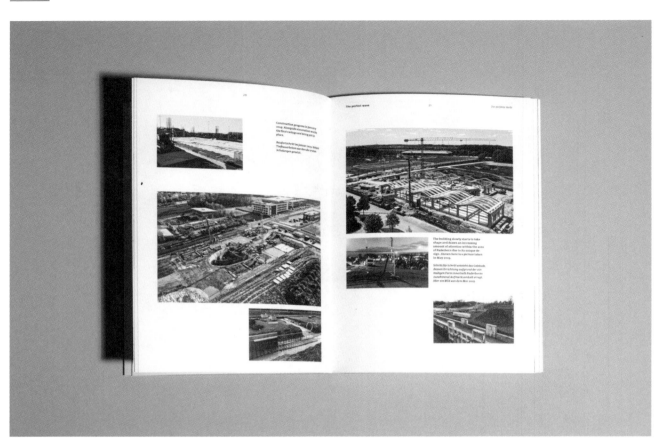

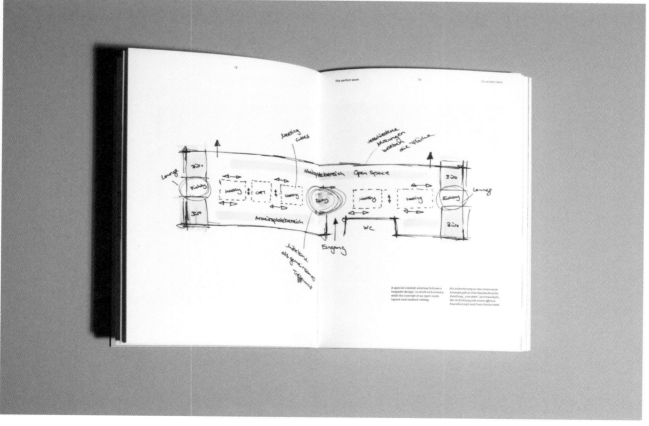

Das Projekt

The project

Das Lira-Buch bildet eine Synthese aus verschiedenen Ideen und Funktionen. Es ist Baudokumentation und Referenzbuch, es ist Image- und Materialbuch – und es hilft bei der Gewinnung von Mitarbeitern. Im Ursprung überwiegend für interne Zielgruppen der Kronospan Group gedacht, haben sich im Laufe der Erstellung des Buchs Zielgruppen und Ziele sowie Ansprüche erweitert. Neben der Darstellung der Materialvielfalt und deren Einsatzmöglichkeiten im Innenausbau und Möbelbau wird die Attraktivität des Arbeitsplatzes insbesondere für potenzielle IT-Mitarbeiter unterstrichen. Die LIRA service GmbH ist exklusiver IT-Dienstleister für die Kronospan Standorte in aller Welt. Der Umschlag ist aus einem der im Gebäude an verschiedenen Stellen verarbeiteten Materialien konstruiert. Die Lasergravur gibt einen Hinweis auf den Inhalt. Hochwertige Papiere im Innenteil setzen den guten ersten Eindruck fort – mit ihnen die hohe Druckqualität der Architekturaufnahmen, die Lust machen, das Gebäude und seine Besonderheiten kennenzulernen.

The Lira book is a synthesis of different ideas and functions. It is a construction documentation and reference book, and it is an image and material book – it helps to attract future employees. Originally intended for internal target groups within the Kronospan Group, both target groups and goals – as well as demands – have expanded in the course of the book's creation. In addition to presenting the diversity of materials and their possible applications in interior and furniture construction, the book emphasizes the attractiveness of the workplace, especially for potential IT employees. LIRA service GmbH is the exclusive IT service provider for Kronospan locations around the world. The cover is constructed from materials processed at various points in the building. The laser engraving indicates the merit of the contents. High-quality papers on the inside continue the good first impression – along with the high print quality of the architectural photographs, which make you want to get to know the building and its special features.

Jury-Kommentar

Jury comment

Ein Bau zum Anfassen – das Lira-Buch schafft den Spagat, als Printmedium Baudokumentation und gleichzeitig auch die im Projekt verarbeiteten Materialien tatsächlich erfahrbar für den Leser zu machen. Es wurden Baustoffe, wie Paneele oder Bodenbeläge im Buch verarbeitet. Der Leser wird durch diese taktilen und olfaktorischen Reize schon ins Gebäude hineingezogen. Die Gebäudequalität wird durch die extrem hochwertige Verarbeitung des Buchs dokumentiert und schafft damit eine Idee von Arbeitsatmosphäre für potenzielle Arbeitskräfte.

A building you can touch – The Lira book manages the balancing act of being a print medium documenting construction while at the same time making it possible for the reader to actually experience the materials used in the project. Building materials such as panels or floor coverings were used in the book. The reader is drawn into the building by these tactile and olfactory stimuli. The building quality is documented by the extremely high-quality workmanship of the book and thus gives potential employees a good indication of the workplace atmosphere.

Till Brauckmann

HOERBIGER Jahrbuch

Agentur / Agency
jäger & jäger

Olaf Jäger, Creative Direction
Carina Kolb, Design
Nico Nolle, DTP
Reinhard Thomas, 3D Illustrations
Anne Lück, Illustrations Portraits

Auftraggeber / Client
HOERBIGER Holding AG

Simon Schmid, Project Management

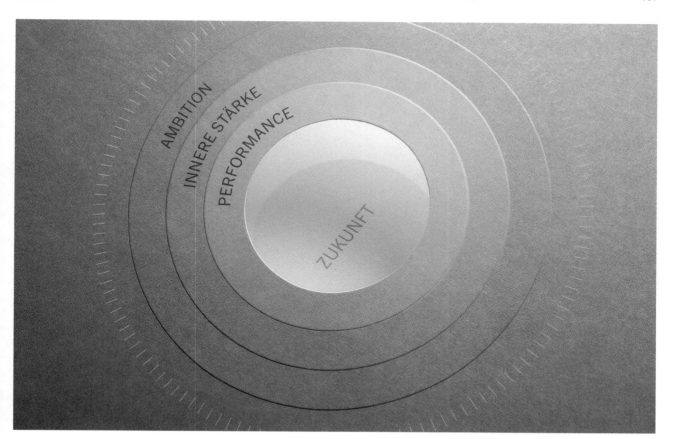

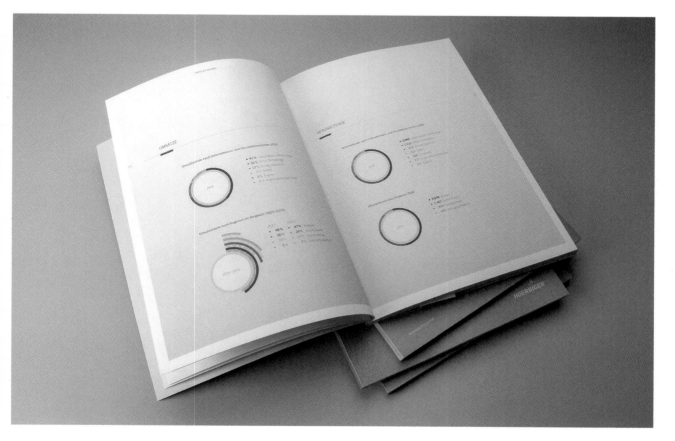

Das Projekt

The project

Das HOERBIGER Jahrbuch 20/21 ist mehr als ein Geschäftsbericht. Es hat den Anspruch, Partner und Freunde des Unternehmens, Mitarbeiter und Stakeholder umfangreich über das vergangene Jahr zu informieren.

Jeder Geschäftsbereich wird mit einer Kapitel-Einstiegsseite vorgestellt, die individuell illustriert ist. Technische Elemente wie Skalen und dynamische Kreisformen werden collagenartig bebildert und visualisieren damit die Geschäftsfelder des Unternehmens.

Das Kreismotiv wird auf dem Cover abstrahiert aufgegriffen und mittels Reliefprägung und Ausstanzung veredelt. Der Gesamtauftritt des Jahrbuchs entspricht dem Understatement des Unternehmens und setzt auf die Wirkung von ausgewogener Typografie und viel Weißraum.

The HOERBIGER Yearbook 20/21 is more than just an annual report. It aims to provide partners and friends of the company, employees and stakeholders, with comprehensive information about the past year.

Each business division begins with a chapter introductory page that is individually illustrated. Technical elements such as scales and dynamic circular shapes are assembled in a collage that illustrates the company's business sectors.

The circle motif is taken up in abstract form on the cover and refined by means of relief embossing and die-cutting. The overall appearance of the yearbook is in keeping with the company's discreet approach, and correlates with balanced typography and plenty of white space.

Jury-Kommentar

Jury comment

Dynamische Zukunft – in schlichter Eleganz präsentiert Hoerbiger seinen Jahresabschluss. Besonders hervorzuheben ist der Illustrationsstil, den die Jury mit einem Diplom auszeichnet. Die verschiedenen Ebenen illustrativer Gestaltungskonstanten geben Struktur und reflektieren Geschäftsbereiche und Unternehmenskultur. Stimmen aus dem Unternehmen mit Porträts in Tusche-Linien-Technik, Kapiteltrenner mit Collagen aus Foto-, Rendering- und Grafikelementen transportieren den Technikanspruch gleichermaßen wie die Expertise in den unterschiedlichen Geschäftsbereichen. Im harmonischen Gesamtbild belegt das Jahrbuch glaubwürdig das Titelversprechen: Ambition, innere Stärke, Performance und Zukunft.

Dynamic future – Hoerbiger presents its annual financial statements in simple elegance. Particularly noteworthy is the illustrative style, which the jury awarded a diploma. The different levels of design constants give structure and reflect business areas and corporate culture. Voices from the company accompanied by portraits in ink-line technique, chapter dividers with photo collages, rendering and graphic elements, convey the company's technical abilities, as well as expertise in the different business divisions. In a harmonious overall picture, the yearbook credibly substantiates the promise made in the title: Ambition, Inner Strength, Performance and Future.

Bettina Otto

WIRO Wohnfühl- und Geschäftsbericht 2020 „30 Jahre WIRO – Zeitkapsel"

Agentur / Agency
POLARWERK GmbH
Brand- & Communication Design

Thomas Theßeling, Creative Direction,
Illustration, Conception
Jennifer Pankratz, Design, Final Artwork
Marcel Koch, Final Artwork, Production
Melanie Borrs, Project Management

Auftraggeber / Client
WIRO Wohnen in Rostock,
Wohnungsgesellschaft GmbH

Das Projekt

The project

WIRO ist Rostocks größtes Wohnungsunternehmen. Nach dem Mauerfall ist die Gesellschaft aus ehemaligen staatseigenen Betrieben entstanden und hat sich in den letzten 30 Jahren zu einer wirtschaftlichen wie sozialen Stütze für Rostock entwickelt. Das Reportingtrio verbindet die jährliche Berichterstattung mit Storys aus drei Jahrzehnten Unternehmensgeschichte. Dabei leitet eine Zeitkapsel den Leser von der Gründung bis ins Heute. Gerahmt in einem Fundament aus Geschäfts- und Umweltbericht erlebt der Leser mit der Imagekomponente die facettenreiche Historie durch Ereignisse der letzten drei Dekaden. Inspiriert von Planung und Zeichnungen unterstützt das Design inhaltliche Themen. Im Seitendesign wachsen Bilder von skizzenhaften Ebenen zu realistischen Ansichten.

Das Fundament des Wirtschaftens sind Geschäfts- und Umweltbericht. Visuell und haptisch wird es durch Graupappe, Prägungen und Naturpapiere erlebbar. Die Gesamtgestaltung ist durchdacht, schafft Neugierde und erzeugt einen wirkungsstarken Gesamteindruck. Form, Produktion und Materialauswahl, Grafikdesign, Illustration und Typografie kontextuieren die Inhalte und werden im Zusammenspiel zum Verstärker für die Inhalte.

WIRO is Rostock's largest housing company. After the fall of the Berlin Wall, the company was formed from former state-owned enterprises and has developed into an economic and social pillar for Rostock over the past thirty years. The reporting trio combines annual reporting with stories from three decades of the company's history. A time capsule guides the reader from the founding to the present day. Framed in a foundation of business and environmental reports, the reader experiences the company's multi-faceted history through images of events that have occurred over the last three decades. Inspired by layout and drawings, the design supports the themes within the content. In the page design, images develop from sketches to realistic illustrations.

Commercial and environmental reports are the foundation of the business. These can be experienced visually and haptically through gray board, embossing, and natural paper. The overall design, is well thought out, creates curiosity, and creates a powerful overall impression. Form, production, choice of materials, graphic design, illustration, and typography work together to contextualize and amplify the content.

Jury-Kommentar

Jury comment

Alle Register – der Versuch, alle Geschäftsfelder der Wohnungsbaugesellschaft WIRO aus Rostock anhand unterschiedlichster drucktechnischer Darreichungsformen haptisch erlebbar und greifbar zu machen, verdient Aufmerksamkeit. Dabei wurden, ähnlich dem Hausbau, die unterschiedlichsten Disziplinen und Gewerke der Printproduktion zusammengebracht. Hier greifen Stanzungen, Veredelungen wie Heißfolienprägung und Sonderfarben sowie Sonderkonfektionierung auf höchstem Niveau ineinander. So kann man bauen.

Every register – the attempt to present all aspects of the housing company WIRO from Rostock in a palpable, experiential, tangible form by means of numerous print and technical approaches deserves attention. Similar to the construction of a house, diverse disciplines and techniques of print production were brought together. Here, die-cutting, finishing such as hot foil stamping, distinctive colors, and unique packaging intersect at the highest level. That's how you build.

Till Brauckmann

Die Pandemie – was wir verlieren / was wir gewinnen

Agentur / Agency
Lekkerwerken GmbH

Bjoern Pust, Creative Director
Marco Grundt, Photography
Julian Rentzsch, Illustration

Auftraggeber / Client
ReMedium Verlag GmbH

Dagmar Döring, Publisher

een zur gesellschaftlichen
Transformation

r Krise wirklich sicherer oder haben
gewähnt, die nie existierte? Wie unte
ter Krisenbedingungen Fehler und
sberechtigung nun in Frage gestellt we
Essays auf – gewidmet dem Rückblick
in Jahr Pandemie:

hröder, SICHERHEIT & FREIHEIT – Christo
belpreisträger Muhammad Yunus, GRENZEN
Barbara Pachl-Eberhart, MACHT – Stefanie
khoff, NACHHALTIGKEIT – Götz E
FREUDE – Malte Boecker
T – Petra R

Das Projekt

The project

Mit der Schriftenreihe publiziert der ReMedium Verlag ein Zeitzeugnis, das vielschichtige Positionen aus unterschiedlichen Teilbereichen der Kultur vereint. Renommierte Autor:innen wie der Philosoph Christoph Quarch, Muhammad Yunus oder Barbara Pachl-Eberhart analysieren darin Themen wie Freiheit, Weisheit und Hoffnung unter dem Einfluss der Corona-Pandemie.

Bei solch einem konzentrierten Inhalt ist in der Gestaltung Zurückhaltung gefragt, die gerade in der Reduktion ihre typografischen Stärken offenbart: Hier darf eine serifenlose Schrift mit kantigen Akzenten eine kontrastreiche Symbiose mit einer kalligrafisch-luftigen Antiqua eingehen. Krise trifft auf Chance – die subtile Übersetzung der verlegerischen Intention als typografisches Yin und Yang.

Eine sorgsame und detailreiche Verarbeitung verstärkt den Eindruck: Bei der Produktion kamen hochwertige, aber eben nachhaltige Materialien zum Einsatz. Das Volumenpapier wirkt im Innenteil durch seine raue Haptik. und mit einer changierenden Folienprägung versehen, mutet das Cover aus Graupappe wie ein Passepartout rund um das eingeklebte Titelbild an. Der fadengebundene, offene Rücken offenbart wiederum den Farbreigen der einzelnen Hefte.

With this series of publications, ReMedium Verlag presents a testimony to the times that unites complex viewpoints from multiple cultural perspectives. Renowned authors including philosopher Christoph Quarch, Muhammad Yunus, and Barbara Pachl-Eberhart analyze themes such as freedom, wisdom, and hope under the influence of the Corona pandemic.

With such concentrated content, restraint is called for in the design, which reveals its typographic strengths precisely in its moderation: here, a sans serif typeface with angular accents is allowed to form a high-contrast symbiosis with a calligraphic, airy antiqua. Crisis meets opportunity – the subtle translation of the publisher's intention as a typographic yin and yang.

Careful and detailed workmanship reinforces the impression: high-quality yet sustainable materials were used in the production process. The volume's paper has a rough feel on the inside, and, with an iridescent foil embossing, the gray cardboard cover functions as a passe-partout around the inserted title picture. In turn, the thread-bound open spine reveals the colorful array of the individual booklets.

Jury-Kommentar

Jury comment

Die Pandemie – kein Thema spaltete unsere Gesellschaft 2020/21 mehr als der Umgang mit der Ausnahmesituation. Mutig und stark ist das Konzept einer Textsammlung namhafter Vordenker, Weiter- und Nachdenkerinnen zu diesem brisanten Thema. Der 550-seitige Band darf als gewichtiges Dokument des Zeitgeschehens gesehen werden. Herausforderungen und Chancen werden darin aus sehr unterschiedlichen Perspektiven beleuchtet. Eingefasst von robuster Graupappe, gleichzeitig mit offen sichtbarer Fadenheftung im Rücken, kommt das Werk gewollt sperrig daher. Die Autorinnen und Autoren erfahren darin Gerechtigkeit, denn niemand wird bevorzugt präsentiert. Das verlangt der vermutete Anspruch auf Neutralität in der Sache. Unterstreichungen und typografische Hervorhebungen einzelner Textpassagen sind vor diesem Hintergrund allerdings fraglich. – Dennoch: Das Konzept ist ausgezeichnet, alle Achtung und vielen Dank!

The pandemic – no topic divided our society in 2020/21 more than how to deal with this exceptional situation. The concept of a collection of texts on this explosive topic by renowned leading intellectuals and philosphers is both courageous and powerful. The 550-page volume can be seen as a weighty documentation of contemporary events. Challenges and opportunities are examined from very different perspectives. Bound in sturdy gray cardboard, with openly visible thread stitching in the spine, the work comes across as deliberately bulky. The authors are presented equitably, and no one receives preferential treatment. This is demanded by the presumed claim to neutrality in the matter. Underlining and typographical highlighting of individual text passages are, however, questionable against this background. Nevertheless: the concept is excellent, all respect and many thanks!

Henning Horn

Vogelschau –
Packaging Design

Agentur / Agency
Ideenrevier

Constantin Jerch, Konzept, Design, Photografie

Auftraggeber / Client
Weingut Mees GbR

Das Projekt

The project

Für das familiengeführte Traditionsweingut „Mees" von der Nahe durften wir zum Generationswechsel eine neue Weinserie entwickeln.

Ziel der Neuentwicklung war es, eine markante Fernwirkung für den Handel zu erzielen, um zwischen den anderen Weinen hervorzustechen. Bildhafte Markenkonzepte wirken Wunder. Für uns lag deshalb das Aufgreifen des markanten Familiennamens und die grafische Umsetzung der Meise nahe. Die Etiketten zeigen demnach drei verschiedene handgezeichnete Meisen aus einem alten Vogelkundebuch, die zusammen mit der Frakturschrift die Tradition des knapp 200 Jahre alten Weinguts widerspiegeln sollen. Gehalten werden die verschiedenen Elemente durch einen goldenen Rahmen.

Die serifenlose Schrift „Bebas Neue" bildet den Kontrast zur Frakturschrift und gibt dem Etikett die nötige Moderne. Grundlage der Farbgebung sind warme Naturfarben, die durch ein Himmelblau ergänzt werden, welches für die Freiheit der Meise steht.

Die Gestaltung des Rückenetiketts wird leider oft vernachlässigt, weshalb wir hier noch mal besonderes Augenmerk auf die kleinen Details gelegt haben. Dieses haben wir in einem verspielten Look, angelehnt an eine Briefmarke mit Rahmen, Zähnung und Stempellinien, gestaltet, um die Nahe als Urlaubsregion mit aufzunehmen, von der man auch gerne mal eine Flaschenpost als Andenken versendet.

For the family-run traditional winery "Mees" from the Nahe, we were allowed to develop a new range of wines for next generation of wine-makers.

The goal of the new development was to achieve a striking highly visible effect for the trade in order to stand out among the other wines. Pictorial brand concepts work wonders. For us, it was obvious to pick up on the distinctive family name and graphically implement the titmouse. The labels show three different hand-drawn titmice from an old ornithology book that, together with the Fraktur font, are intended to reflect the tradition of the nearly 200-year-old winery. The various elements are contained within a gold frame.

The sans serif font "Bebas Neue" contrasts with the Fraktur font and gives the label the necessary modernity. The basis of the color scheme is warm natural hues, which are complemented by a sky blue that represents the freedom of the titmouse.

The design of the back label is unfortunately often neglected, which is why we have once again paid special attention to the small details here. We have designed this in a playful look, based on a stamp with frame, perforation, and stamp lines, in order to include the Nahe as a vacation region, from which one also likes to send a message in a bottle as a souvenir.

Jury-Kommentar

Jury comment

Das Weingut Mees in Bad Kreuznach ist ein Traditionsunternehmen. 1828 gegründet, wird es seit 2003 in der 8. Generation geführt. Aufgabe der Designagentur Ideenrevier war es, ein neues Erscheinungsbild zu entwickeln: außergewöhnlich, aber passend, differenzierend, aber auch funktional. Es ging somit um eine zündende Idee. Die lag näher als gedacht – bedeutet doch der Firmenname „Mees" auf Hochdeutsch „Meise". Warum war da über gut 200 Jahre keiner drauf gekommen? So entstand mit Liebe und Lust ein bildhaftes Markenkonzept rund um das putzige Tierchen. Drei handgezeichnete Meisen aus einem alten Vogelkundebuch wurden zu neuem Leben erweckt. Jetzt zwitschern sie für feine, im Eichenfass gereifte Tropfen. UNTERWEGS – DAHEIM – IRGENDWO: Jeder Wein von Mees hat einen eigenen Charakter, eine Art Habitat. DAHEIM etwa ist ein runder, vollmundiger Spätburgunder mit schönem Abgang. Ein Tropfen für besinnliche Stunden aus sonnengereiften Trauben. Auch das passt gut. Die Wärme eines erfolgreichen Winzersommers lassen die in Gold gehaltene Einfassung des Etiketts und der in Gold ausgelegte Firmenname erahnen. Die serifenlose Frakturschrift „Drei Fraktur" vermittelt langjährige Weinbautradition, während alle übrigen Etikettaufschriften in „Bebas Neuer" bescheiden sachlich und doch modern daherkommen. Die Vogelschau von Mees gefällt, ist sauber, professionell und mit Liebe gestaltet. Dahinter steht eine Idee, die sich für Mees in jeder Hinsicht gut und richtig anfühlt.

The Mees winery in Bad Kreuznach is a traditional company. Founded in 1828, it has been managed by the 8th generation since 2003. The task of the Ideenrevier design agency was to develop a new corporate identity: unusual, but fitting, distinguished but also functional. It was therefore simply a matter of a brilliant idea. This was closer than expected – after all, the company name "Mees" would be "Meise" in High German. Why hadn't anyone thought of this for over 200 years? So, with love and desire, a pictorial brand concept was created around the cute little creature. Three hand-drawn titmice from an old ornithology book were brought back to life. Now they chirp for fine drops aged in oak barrels. UNTERWEGS – DAHEIM – IRGENDWO: each wine from Mees has its own character, a kind of habitat. "DAHEIM", for example, is a round, full-bodied Pinot Noir with a beautiful finish. A drop for contemplative hours made from sun-ripened grapes. It also works well as a concept. The warmth of a successful winemaking summer is suggested by the gold edging of the label and the company name laid out in gold. The sans-serif "Drei Fraktur" font conveys longstanding winemaking tradition, while all the other label lettering in "Bebas Neuer" is modestly businesslike yet contemporary. Mees' bird's eye view is pleasing, clean, professional, and designed with love. Behind it all is an idea that feels good and right for Mees in every respect.

Ludwig Schönefeld

Deutsche Telekom TeleNeo™ Typeface

Agentur / Agency
MetaDesign GmbH

Hendrik Bruning, Client Partner Kreation
Tobias Wienholt, Senior Designer
Ömer Kulac, Designer

HvD Fonts

Hannes von Döhren, Type Designer
Bernd Volmer, Type Designer

Auftraggeber / Client
Deutsche Telekom AG

Alexander Engelhardt, Vice President Brand Management
Andreas Kirpal, Lead Brand Management

TeleNeo

Flat & Stream

5G
works for you

NEO
NEO
NEO
NEO
NEO

MagentaMobil S Young
ohne Smartphone, 5G inkl.

6 GB

Statt 29,95 €

19,95 € mtl.

ab dem 13. Monat 29,95 € mtl.
Vertragslaufzeit 24 Monate
Aktionsvorteil: 360 € im Tarif sparen

Hey!

#DABEI

Hello Magenta

ABCDE
12345

5G|12GB|19,99
Magenta |Highspeed
Smart Home |#DABEI

Erleben, was verbindet. Unterwegs im besten Netz.
Einfach eins für alles. Der Netzausbau der Telekom
kennt keine Limits mit modernstem Glasfaserkabel.

Nr. 1 Qu
mit Glas
und 5G

" € & ® M !
↗ a # ¶ ! @ Q
S

TeleNeo Marker

Architecture

Hello

Space-saving architecture

Thin	*Thin Italic*
Regular	*Regular Italic*
Medium	*Medium Italic*
Bold	***Bold Italic***
ExtraBold	***ExtraBold Italic***

TeleNeo

2020
Deutsche Telekom AG

Category:	Sans-Serif
Formats:	OTF, TTF, WOFF,
	WOFF2, EOT

ABCDEFGHIJKLMN
OPQRSTUVWXYZ

abcdefghijklmn
opqrstuvwxyz

0123456789
()&?!''/-

Simplified forms

Precision

Curved elements

Linear numbers

Squared dots

Horizontal and vertical endings

TeleNeo Variable

Thin ——○—— ExtraBold

Standard ——————○ Extended

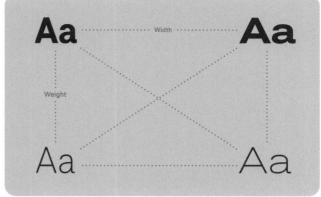

Width

Weight

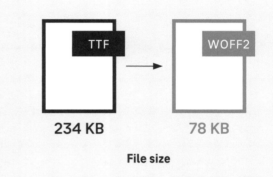

TTF → WOFF2

234 KB   78 KB

File size

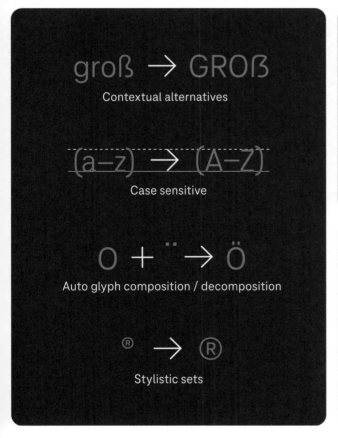

groß → GROß

Contextual alternatives

(a–z) → (A–Z)

Case sensitive

O + ¨ → Ö

Auto glyph composition / decomposition

® → ®

Stylistic sets

TĚŁENËØ ŠÜPPØRŢŞ MÕŖĘ ŤĦĂÑ 100 LÃNĞÜÄĠÉS

Afrikaans, Albanisch, Asu, Baskisch, Bemba, Bena, Bosnisch, Bretonisch, Dänisch, Deutsch, Diola, Embu, Englisch, Esperanto, Estnisch, Färöisch, Filipino, Finnisch, Französisch, Galicisch, Ganda, Grönländisch, Gusii, Inari-Samisch, Indonesisch, Irisch, Isländisch, Italienisch, Kabuverdianu, Kalenjin, Katalanisch, Kikuyu, Kinyarwanda, Kölsch, Kornisch, Kroatisch, Lettisch, Litauisch, Luo, Luxemburgisch, Machame, Madagassisch, Makhuwa-Meetto, Makonde, Malaiisch, Maltesisch, Manx, Meru, Morisyen, Niederländisch, Niederdeutsch, Niedersorbisch, Nord-Ndebele, Nord-Samisch, Norwegisch Bokmål, Norwegisch Nynorsk, Nyankole, Obersorbisch, Oromo, Polnisch, Portugiesisch, Quechua, Rätoromanisch, Rombo, Rumänisch, Rundi, Rwa, Saho, Samburu, Sango, Schottisch-Gälisch, Sena, Shambala, Shona, Slowakisch, Slowenisch, Soga, Somali, Spanisch, Suaheli, Taita, Teso, Tschechisch, Türkisch, Turkmenisch, Ungarisch, Vunjo, Walisisch, Walliserdeutsch

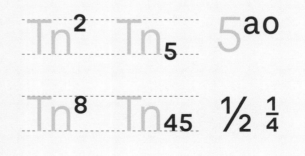

Tn^2 Tn_5 5^{ao}

Tn^8 Tn_{45} ½ ¼

Das Projekt

The project

Mit dem Liquid Brand Design geht die Telekom den nächsten großen Schritt in der gezielten Weiterentwicklung der Marke. Flexibel, lebendig und zukunftsorientiert ermöglicht das Konzept ein neues Maß an Kreativität. Die Kernelemente wie die Farbe Magenta, das T-Logo und die Schrift TeleNeo™ bilden die visuellen Konstanten im neuen Markendesign. Flexibilität entfaltet sich durch neue kreative Spielräume, z. B. bei Formensprache, Farben und der Headlinegestaltung. Damit kann die Telekom kontextspezifische Geschichten erzählen, differenzierende Markenerlebnisse schaffen – und bleibt trotzdem unverkennbar.

In enger Zusammenarbeit zwischen HvD Fonts, der Deutschen Telekom und MetaDesign ist die neue Schriftfamilie entstanden: einheitlicher, einzigartig und mehr Telekom. Die TeleNeo™ repräsentiert die Telekom mit einem charakteristischen und zeitgemäßen Ausdruck. Als Variable Font eröffnet sie darüber hinaus vielfältige Möglichkeiten in digitalen Medien und neuen Umfeldern wie Augmented und Virtual Reality Experiences. Mit responsiven und dynamischen Eigenschaften sorgt die Variable Font für Sichtbarkeit und Lesbarkeit in jeder Situation.

With Liquid Brand Design, Telekom is taking the next big step in the targeted further development of the brand. Flexible, lively, and future-oriented, the concept enables a new level of creativity. Core elements such as the color magenta, the T logo and the TeleNeo™ typeface form the visual constants in the new brand design. Flexibility unfolds through new creative scope, e.g. in terms of design language, color, and headline design. This allows Telekom to tell context-specific stories, create differentiating brand experiences – and still remain instantly recognizable.

Close collaboration between HvD Fonts, Deutsche Telekom and MetaDesign has resulted in the new typeface family: more uniform, more unique, and more Telekom. TeleNeo™ represents Telekom with a distinctive and contemporary expression. As a variable font, it also opens up a wide range of possibilities in digital media and new environments such as augmented and virtual reality experiences. With responsive and dynamic properties, the Variable Font ensures visibility and readability in any situation.

Jury-Kommentar

Jury comment

Typografie als interaktives Erlebnis – der neue visuelle Auftritt der Telekom entspricht dem Zeitgeist flexibler Markensysteme und führt den Beleg im Umgang mit den Gestaltungskonstanten: Logo, Farbe und Schrift. Der neue Corporate Font: Tele-Neo™, entwickelt als Variable Font, repräsentiert in Perfektion die Dynamik, die flexible Gestaltungssysteme durch die Vielfalt kommunikativer Aufgaben haben müssen. Die Typometrie der serifenlosen Linearantiqua umfasst organisch geformte Punzen gleichermaßen, wie expressive Geraden und Diagonalen. Die TeleNeo™ überzeugt durch die Ausgewogenheit optisch linearer Strichstärken und durch die Relation der Buchstabenkörper zueinander. Die hohen Mittellängen sowie Oberlängen, identisch mit der Versalhöhe, sorgen für gute Lesbarkeit. Innerhalb des Corporate Systems gibt es außerdem die Möglichkeit zur Schriftmischung mit der Ergänzung des Display-Fonts: TeleNeo™ Marker.

Typography as an interactive experience – Telekom's new visual appearance is in keeping with the zeitgeist of flexible brand systems and leads the way in handling design constants: Logo, color and type. The new corporate font: Tele-Neo™, developed as a variable font, perfectly represents the dynamics that flexible design systems have on the variety of communicative tasks. The typometry of the sans serif linear antiqua includes organically shaped punctuation as well as expressive straight lines and diagonals. TeleNeo™ convinces with the balance of optically linear stroke widths and the relation of the letter bodies to each other. The high center lengths, as well as ascenders, identical to the versal height, ensure good legibility. Within the corporate system, there is also the possibility of font mixing with the addition of the display font: TeleNeo™ Marker.

Bettina Otto

YOUNGTYPE

F L Y

Agentur / Agency
Kristin Neve – Graphic Design & Typography

Auftraggeber / Client
Städtische Galerie Delmenhorst
(in Kooperation mit der Muthesius Kunsthochschule, Kiel)

Dr. Annett Reckert, Director and Curator

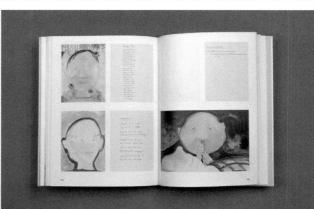

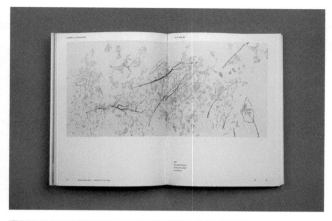

Das Projekt

The project

Für die Ausstellung „F L Y - Arne Rautenberg betextet Werke der Sammlung" wählte der Dichter Kunstwerke aus der Sammlung der Städtischen Galerie Delmenhorst aus, um mit eigener Lyrik auf diese zu reagieren. Auf zwei Stockwerken werden Kunst und Poesie auf unterschiedlichste mediale Weise in einen Dialog gesetzt.

Die gleichnamige Publikation fungiert über die Dokumentation der Ausstellung hinaus als Repräsentation der Sammlung sowie als Lesebuch für Arne Rautenbergs Gedichte. Dazu wird eine Bindung verwendet, die es ermöglicht, den in der Mitte liegenden Gedichtband aus dem Buchblock herauszulösen. So können die Werke von insgesamt 26 Künstler:innen und die Gedichte für sich oder nebeneinander betrachtet werden. Die Zuordnung von Werken und Gedichten erfolgt dabei über doppelte Seitenzahlen. Der Leser wird aktiv in das Zusammenfinden von Wort und Bild einbezogen, wodurch ein Hauptmerkmal der Ausstellung in der Publikation fortgeführt wird.

For the exhibition "F L Y – Arne Rautenberg betextet Werke der Sammlung" the poet selected artworks from the collection of the Städtische Galerie Delmenhorst and responded to them with his own poetry. On two floors, art and poetry engage in a multi-media dialogue.

Beyond documenting the exhibition, the publication of the same name functions as a catalogue of the collection as well as a compilation of Arne Rautenberg's poems. For this purpose, a binding is used that makes it possible to detach the book of poems, which lies in the middle, from the book block. In this way, the works of a total of 26 artists and the poems can be viewed separately or side by side. The assignment of works and poems is effected by double page numbers. The reader is actively involved in the process of bringing words and images together, thus continuing a main feature of the exhibition within the publication.

Jury-Kommentar

Jury comment

Der intellektuelle Anspruch des inhaltlichen Konzepts wird hier auf geniale Art und Weise in die Produktion überführt. Eigentlich als Ausstellungsdokumentation aufgehängt, bietet das Druckwerk so viel mehr. Der Dichter Arne Rautenberg schreibt zu jedem Kunstwerk der Ausstellung ein Gedicht mit inhaltlichem Bezug. Die gegenseitige Referenzierung von Kunstwerk zu Gedicht und umgekehrt wird abgebildet durch ein ausgeklügeltes Zusammenspiel von Katalog und gesondert entnehmbarem Gedichtkompendium. Dabei bewegen sich Gestaltung und Produktion intellektuell auf Augenhöhe mit den abgebildeten Werken und der entstandenen Lyrik in Verbindung mit höchster Produktionsqualität. Respekt!

Here, the intellectual claim of the content concept is transferred into the production in an ingenious way. Actually hung as exhibition documentation, the printed work offers so much more. The poet Arne Rautenberg writes a poem in response to each artwork in the exhibition. The mutual referencing of artwork to poem and vice versa is mapped by a sophisticated interplay of catalog and a separate, removable poetry compendium. The design and production are intellectually on a par with the artworks and the poetry, and are supported by the highest production values. Respect!

Till Brauckmann

Das „typografische Manifest."

Agentur / Agency
Bureau Sebastian Moock

Sebastian Moock, Art Director

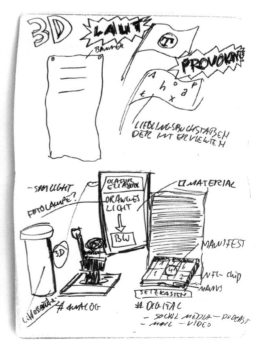

Das Projekt

The project

Diese Arbeit richtet sich an Typograf:innen, Gestalter:innen und Menschen, die an dem Thema „Typografie" interessiert sind. Es befasst sich mit dem Problem, dass das fundamentale typografische Wissen, die „Schwarze Kunst", nicht an nachfolgende Generationen weitergegeben wird und somit langsam ausstirbt.

Das Buch das „typografische Manifest." befasst sich mit dieser Problematik und stellt fünf Thesen in den Raum, welche mit Interviewpartner:innen aus der Branche besprochen werden. Medienübergreifend (2D, Website, Podcast, Buch, Ausstellung, 3D) wird diese Arbeit auf unterschiedliche Weise der Zielgruppe nähergebracht, um die Leidenschaft für den Bleisatz zu entfachen und die Kultur der „Schwarzen Kunst" damit zu erhalten.

Das „typografische Manifest." ist eine Aufforderung an alle, die zweidimensionale Fläche am Monitor zu erweitern, um wieder Schrift in der Dreidimensionalität zu erleben. Mit Interview-Beiträgen von Rolf Rehe, Friedrich Forssman, Erik Spiekermann, Henning Skibbe und Charlotte Rohde.

This work is aimed at typographers, designers, and people interested in the subject of typography. It deals with the problem that fundamental typographic knowledge, the so-called "black art", is not passed on to future generations and thus is slowly dying out.

The book "Das 'typografische Manifest'" deals with this problem and presents five theses, which are discussed with interview partners from inside the industry. Across all media (2D, website, podcast, book, exhibition, 3D), this craft is brought closer to the target group in different ways in order to ignite passion for metal typesetting and thus preserve the culture of "black art".

The 'typografische Manifest' is an invitation to all to expand the two-dimensional surface on the monitor and experience type in three dimensions again. With interview contributions by Rolf Rehe, Friedrich Forssman, Erik Spiekermann, Henning Skibbe, and Charlotte Rohde.

Jury-Kommentar

Jury comment

„Das ‚typografische Manifest.' ist eine Aufforderung an alle, die zweidimensionale Fläche am Monitor zu erweitern, um wieder Schrift haptisch in der Dreidimensionalität zu erleben." Diese Aufforderung zieht sich durch das gesamte Buch: vom Hardcover aus Leinen mit geprägter Schrift und Blindprägung auf dem Rücken, über den Einsatz von offenem Papier, das man praktisch erfühlen kann, bis zu größeren Zitaten, die in Silber mit subtilem Quetschrand separat auf einzelnen Seiten angebracht wurden. Eine modernistisch gesetzte Printpublikation, die unaufgeregt über Schrift informiert, sowie unterschiedliche Gestalter:innen über Typografie und deren unterschiedliche Funktionen und Wirkung in Interviewform zu Wort kommen lässt. Der Gestalter entschied sich dazu, außer dem Silberakzent, sich auf Schwarz und Weiß zu reduzieren, was dem Buch einen durchgängigen und einheitlichen Auftritt verleiht. Die Akzidenz Grotesk Pro und die Excelsior führen cool und selbstbewußt durch die Themen des Buchs.

"The 'typografische Manifest' is an invitation to everyone to expand the two-dimensional surface on the monitor in order to once again experience type haptically in three dimensions". This invitation runs throughout the book: from the linen hardcover with embossed type and blind embossing on the spine, to the use of open paper that can literally be touched, to larger quotations applied separately to individual pages in silver with subtly dotfringe. A modern print publication that gently informs about typesetting while allowing a mix of different designers to have their say, in interview form, about typography and its various functions and effects. Apart from the silver accent, the designer decided to restrict himself to black and white, which gives the book a consistent and uniform appearance. The Akzidenz Grotesk Pro and Excelsior fonts guide the reader through the book's topics in a cool and confident manner.

Dirk Wachowiak

Die Juroren / The jury

Claudia Fischer-Appelt
Managing Director, Karl Anders

Claudia Fischer-Appelt leitete mehr als 15 Jahre lang die Kreation der *fischer-Appelt-Gruppe* und führte darüber hinaus die Designagentur *Ligalux* unter die Top-3-Designagenturen Deutschlands. 2009 folgte der Ausstieg aus der Gruppe. 2010 die Konzentration auf Kunst- und Kulturprojekte und die strategische Arbeit an der eigenen Marke *Mamamoto*. 2010 veranstaltete sie in Hamburg das Kultur-Festival „Kongress" für *Anders*. 2011 gründete sie *Karl Anders*, ein Studio für Brand Profiling und Corporate Identity.

Claudia Fischer-Appelt led the creation of the fischer-Appelt group for more than 15 years and also led the design agency Ligalux among the top 3 design agencies in Germany. She left the group in 2009. In 2010 she focused on art and culture projects, and strategic work on her own brand Mamamoto. In 2010 she organized the cultural festival "Kongress" for Anders in Hamburg. In 2011 she founded Karl Anders, a studio for brand profiling and corporate identity.

Till Brauckmann
siegerbrauckmann, Büro für Wirtschaftskommunikation

Nach Abitur, Ausbildung zum Werbekaufmann und Studien in Wirtschaft und Design an der *University of Applied Sciences* in Münster arbeitete *Till Brauckmann* als Designer und Teamleiter Kreation beim international renommierten Büro *sieger design*. Nach verschiedenen Stationen als freier Illustrator, Art- und Creative Director wechselte er 2007 auf die Industrieseite und war bis 2012 verantwortlich für Marketing, Markenaufbau und Produktdesign bei *Assmann Electronic*. 2012 ging *Till Brauckmann* als PR-Berater und Designer zu *sieger. Büro für Wirtschaftskommunikation,* wo er seit Anfang 2013 gleichberechtigter Partner im gemeinsamen Büro *siegerbrauckmann* ist.

After graduating from high school, training in advertising, and studying business and design at the University of Applied Sciences in Münster, Till Brauckmann worked as a designer and leader of the creative team at the internationally renowned office sieger design. After various positions as a freelance illustrator, art and creative director, he switched to the industry side in 2007 and was responsible for marketing, brand development, and product design at Assmann Electronic until 2012. In 2012, Till Brauckmann joined sieger as a PR consultant and designer. Büro für Wirtschaftskommunikation, where he has been an equal partner in the joint siegerbrauckmann office since the beginning of 2013.

Henning Horn
iCDO – Independent Chief Design Officer

Von 2012 bis 2021 harmonisierte er als Head of Corporate Design den globalen Markenauftritt von Faber-Castell. Als Gründer und Vorsitzender der Initiative Face to Face förderte er von 2001 bis 2013 den internationalen Designdialog. Bis 2012 war er Kommunikations- und PR-Berater für die gestaltende Wirtschaft. Von 1998 bis 2007 leitete er im Auftrag des baden-württembergischen Wirtschaftsministers das Design Center Stuttgart. Zuvor arbeitete er als Grafikdesigner in Industrie und Designbüros im In- und Ausland.

From 2012 to 2021, he harmonised Faber-Castell's global brand identity as Head of Corporate Design. As founder and chairman of the Face to Face initiative, he promoted international design dialogue from 2001 to 2013. Until 2012, he was a communications and PR consultant for the design industry. From 1998 to 2007, he was head of the Design Center Stuttgart on behalf of the Baden-Württemberg Minister of Economics. Before that, he worked as a graphic designer in industry and design offices at home and abroad.

Jens Grefen

Executive Director Creation, Interbrand GmbH

Jens Grefen ist Executive Director Creation und Teil des Führungsteams von *Interbrand Central & Eastern Europe*. Mit mehr als 15 Jahren Erfahrung in der Beratung, Gestaltung und Führung von Marken hat er das Erscheinungsbild verschiedenster Unternehmen entwickelt und maßgeblich geprägt. Nach seinem Studium in Deutschland und in Kalifornien arbeitete er zunächst frei und in kleineren Designbüros, bevor er zu *Interbrand* wechselte. Dort berät er vom Standort Köln aus Kunden aus allen Branchen in Sachen Kreation, Markenerlebnis, Ideation und Designstrategie. Wenn es die Zeit erlaubt, arbeitet er neben dem Tagesgeschäft als Hochschuldozent oder genießt seine Freizeit mit seiner 74er Telecaster.

Jens Grefen is Executive Creative Director and part of the leadership team of Interbrand Central & Eastern Europe. With more than 15 years of experience in brand consulting, design and management, he has developed and significantly shaped the look and feel of a wide range of companies. After studying in Germany and California, he initially worked freelance and in smaller design firms before joining Interbrand. There, based in Cologne, he advises clients from all industries on creation, brand experience, ideation and design strategy. When time allows, he works alongside his day job as a university lecturer or enjoys his free time with his '74er Telecaster.

Bettina Otto

Creative Director and Professor of Media Design,
IU University of Applied Sciences Munich

Zunächst war sie über 15 Jahre in verschiedenen Agenturen tätig, unter anderem 8 Jahre als Design Director bei *KMS TEAM*. Schwerpunkt ihrer Arbeit dort war das Thema Corporate Design. Unternehmen wie *Vodafone*, *OSRAM*, *Porsche Motorsport*, *Palfinger* und *Schneider Schreibgeräte*, aber auch Kulturinstitute wie die *Münchner Pinakotheken* und die *Villa Stuck* zählen zu ihren Auftraggebern. Ihre Ausbildung absolvierte *Bettina Otto* in Deutschland und Italien. Sie studierte Kommunikationsdesign an der *University of Applied Sciences* in Augsburg und an der *Accademia di Belle Arti, Bologna*. Seit Oktober 2014 hält sie außerdem einen Lehrauftrag an der *Akademie der Bildenden Künste in München*.

Prior to that, she worked for over 15 years in various agencies, including 8 years as Design Director at KMS TEAM. The focus of her work there was on corporate design. Companies such as vodafone, OSRAM, Porsche Motorsport, Palfinger and Schneider Schreibgeräte, but also cultural institutes such as the Munich Pinakotheken and the Villa Stuck are among her clients. Bettina Otto completed her education in Germany and Italy. She studied communication design at the Augsburg University of Applied Sciences and at the Accademia di Belle Arti, Bologna. She has held a lectureship at the Munich Academy of Fine Arts since 2014.

Brigida Kempf
Head of Creation, wirDesign communication AG

Nach ihrem Designstudium an der *Hochschule für ange-wandte Wissenschaft und Kunst in Hildesheim* zog es Brigida Kempf zu *Jung von Matt* nach Hamburg. 2000 wechselte sie zu *wirDesign*. Hier war sie zunächst als Designerin und Creative Director tätig und hat den Erfolg und die Entwicklung von *wirDesign* entscheidend mitgeprägt. Seit 2020 ist sie Mitglied im Vorstandsteam bei *wirDesign*. Als Dozentin für Kommunikationsdesign unterrichtete sie mehrere Jahre an der *Hochschule für Bildende Künste Braunschweig*. Sie ist Expertin für das perfekte Zusammenspiel von Markenstrategie, Design, Kommunikation und Technologie.

After studying design at the Hildesheim University of Applied Sciences and Arts, Brigida Kempf moved to Jung von Matt in Hamburg. In 2000, she moved to wirDesign. Here she initially worked as a designer and creative director and played a key role in shaping wirDesign's success and development. Since 2020, she has been a member of the board team at wirDesign. As a lecturer in communication design, she taught for several years at the Braunschweig University of Fine Arts. She is an expert in the perfect interplay of brand strategy, design, communication, and technology.

Jamal Khan
Managing Partner, UnityRealtimeGroup

Jamal Khan studierte Marketingkommunikation, bevor er als Texter begann und mehr als 25 Jahre lang Erfahrung auf Agenturseite sammelte – von klassischer Werbung über Dialogmarketing bis hin zu Onlinekommunikation. Er war Geschäftsführer in drei Top-Ten-Werbeagenturen und Mitgründer einer Agentur, die an ein Network verkauft wurde. 2010 gründete er zusammen mit einem Kameramann *UnityLivestream* – einen Dienstleister, der sich auf Bewegtbild im Internet spezialisiert hat –, aus dem die heutige *UnityRealtimeGroup* entstanden ist.

Jamal Khan studied marketing communication before he started as a copywriter and gained more than 25 years of experience on the agency side – from classic advertising to dialog marketing and online communication. He was a managing director in three top ten advertising agencies and co-founder of an agency that was sold to a network. In 2010, together with a cameraman, he founded UnityLivestream – a service provider specializing in moving images on the Internet – from which today's UnityRealtimeGroup was born.

Tom Leifer
Diplomdesigner, TLD

Tom Leifer ist Markengestalter, Creative Director, Interior Designer und Künstler. Mit der Agentur *Tom Leifer Design* prägt er die visuelle Identität von Unternehmen wie *Walter Knoll*, *Leica*, *uvex*, *Duden*, *Ogaenics* und vielen mehr. Der gebürtige Saarländer studierte Kommunikationsdesign in Augsburg und lebt seit 1990 in Hamburg. Seine Arbeiten wurden mit wichtigen nationalen und internationalen Preisen ausgezeichnet.

Tom Leifer is a brand designer, creative director, interior designer and artist. With the Tom Leifer Design agency, he shapes the visual identity of companies such as Walter Knoll, Leica, uvex, Duden, Ogaenics, and many more. Born in Saarland, he studied communication design in Augsburg and has lived in Hamburg since 1990. His work has been awarded with prominent national and international prizes.

Norbert Möller

Executive Creative Director, Peter Schmidt Group

Norbert Möller studierte Visuelle Kommunikation an der *HfBK Braunschweig*. Ab 1987 war er als Corporate Designer bei *wirDesign* beschäftigt, bevor er 1992 zur *Peter Schmidt Group* wechselte. Hier war er zunächst als Artdirector, dann als Geschäftsleiter Creation und seit 2003 als Executive Creative Director für den Bereich Corporate Design tätig. *Norbert Möller* hat die Entwicklung des Bereichs Corporate Design bei der *Peter Schmidt Group* entscheidend geprägt.

Norbert Möller studied visual communication at the HfBK Braunschweig. From 1987 he worked as a corporate designer at wirDesign before joining the Peter Schmidt Group in 1992. There, he worked first as Art Director, then as Business Manager Creation, and since 2003 as the Executive Creative Director for the Corporate Design division. Norbert Möller has had a decisive influence on the development of the Corporate Design division at the Peter Schmidt Group.

Michael Rösch

Co-Founder von TOMINO

Als Designer und Botschafter für ganzheitliche Markenentwicklungen verbindet *Michael Rösch* Veränderungsprozesse mit angemessener Partizipation der Mitarbeitenden. Als Mitgründer, Kreativer, Stratege und Vorstand der *wirDesign AG* – einer der Top-Ten-Markenagenturen in Deutschland – weiß er, was es heißt, mehr als einen „Great place to work" aufzubauen und zu pflegen. Parallel zu seinem Lebenswerk, das er nach 38 Jahren mit seinen Mitgründern an die nächste Generation übergab, lehrte er einige Jahre Corporate Identity an der *Fachhochschule Potsdam*. Er ist Mitglied weiterer Jurys *(German Brand Award, DDC)* und berät heute als zertifizierter Change Manager bei *TOMINO* seine Kunden in kultur- und markenorientierten Change-Prozessen.

As a designer and ambassador for holistic brand development, Michael Rösch combines change management processes with proportionate employee participation. As co-founder, creative, strategist and board member of wirDesign AG – one of the top ten brand agencies in Germany – he knows what it means to build and maintain more than a "great place to work". Parallel to his life's work, which he handed over to the next generation after 38 years with his co-founders, he taught corporate identity at the Potsdam University of Applied Sciences for several years. He is a member of other juries (German Brand Award, DDC) and today, as a certified change manager at TOMINO, advises his clients in culture- and brand-oriented change management processes.

Ludwig Schönefeld

Ludwig Schönefeld war nach journalistischen Lehrjahren über rund 30 Jahre für internationale Industriekonzerne tätig: in der Verantwortung für Markenführung, Markenpositionierung und Design, für die Unternehmens- und Marketingkommunikation, für Digitalprojekte und Soziale Medien, für *Governance* und *Compliance* im kommunikativen Auftritt. Aktuell engagiert er sich als Interim-Manager und Berater. Sein Credo: Gutes Design muss zum Auftraggeber passen und auf die strategischen Ziele einzahlen. Grund genug, als Mitglied der Jury des Corporate Design Preises Kreativität und gestalterische Qualität auch an Funktionalität, Effektivität und Effizienz zu messen.

Ludwig Schönefeld trained as a journalist and worked for international industrial groups for around 30 years, where he was responsible for brand management, brand positioning and design, corporate and marketing communications, digital projects and social media, and governance and compliance in communications. He currently works as an interim manager and consultant. His credo: Good design has to fit the client and pay off on strategic goals. Reason enough for him, as a member of the jury for the Corporate Design Award, to measure creativity and design quality against functionality, effectiveness, and efficiency.

Ansgar Seelen
Brand & Design Director, Carl Zeiss AG

Ansgar Seelen studierte Visuelle Kommunikation an der *HFG Merz Akademie* in Stuttgart – und Electronic Media Arts an der *University of Portsmouth*. Während seiner Zeit als Artdirector bei *Meiré und Meiré, Claus Koch BBDO Identity* sowie im *Atelier Stankowski* gestaltete er Publikationen für die *Munich Re, BMW-Mini* und *E-Plus*. Er prägte das Erscheinungsbild der *Dresdner Bank*, der *Allianz*, der *Roto-Frank-Gruppe* sowie die Kampagnen für die *Deutsche Bauzeitschrift DBZ* und die *Bauwelt*. Seine Arbeiten wurden mit mehreren internationalen Kreativpreisen ausgezeichnet. Als freier Dozent unterrichtete er u. a. an der *Fachhochschule Düsseldorf*. Seit sechs Jahren ist er als Brand & Design Director für die visuelle Identität von *Zeiss* verantwortlich und verhalf der Marke für optische Präzision zu einem ganzheitlichen Refreshment.

Ansgar Seelen studied Visual Communication at the HFG Merz Akademie in Stuttgart — and Electronic Media Arts at the University of Portsmouth. During his time as Art Director at Meiré und Meiré, Claus Koch BBDO Identity and at Atelier Stankowski, he designed publications for Munich Re, BMW-Mini and E-Plus. He shaped the image of Dresdner Bank, Allianz, the Roto-Frank Group, as well as the campaigns for the German construction magazine DBZ and Bauwelt. His work has been awarded several international creative prizes. As a freelance lecturer, he taught at the Düsseldorf University of Applied Sciences, among others. For the past six years, he has been responsible for the visual identity of Zeiss as Brand & Design Director, helping the brand for optical precision achieve a holistic refresh.

Wolfgang Seidl
Diploma designer, SeidlDesign

Das Grafikdesignstudium absolvierte *Wolfgang Seidl* an der *Staatlichen Akademie der Bildenden Künste* in Stuttgart. Es folgten Aufgaben als Gestalter und Artdirector für Werbeagenturen und 1996 die Gründung von *SeidlDesign*. Von 2000 bis 2008 war *Seidl* Artdirector für Druckwerke bei *Ferrari*. Von ihm stammt das aktuelle Corporate Design der Marke – wie auch das von *Maserati*. *Seidl* hat das Corporate Design von *Rosenthal* entwickelt sowie das der *Staatsgalerie Stuttgart* und weiterer Kultureinrichtungen. Im Jahr 2007 hob *Seidl* als Artdirector das neue Auto-Kultur-Magazin *ramp* mit aus der Taufe. *SeidlDesign* wurde mit zahlreichen Preisen geehrt. *Wolfgang Seidl* ist regelmäßig als Dozent tätig.

Wolfgang Seidl studied graphic design at the Stuttgart Academy of Fine Arts. This was followed by assignments as a designer and art director for advertising agencies, and the founding of SeidlDesign in 1996. From 2000 to 2008, Seidl was art director for printed works at Ferrari. He created the brand's current corporate design — as well as that of Maserati. Seidl developed the corporate design of Rosenthal, the Staatsgalerie Stuttgart, and other cultural institutions. In 2007, Seidl helped launch the new car culture magazine ramp as art director. SeidlDesign has been honored with numerous awards. Wolfgang Seidl is regularly active as a lecturer.

Frauke van Bevern

Head of Marketing, Berliner Volksbank eG

Nach ihrer Ausbildung zur Werbekauffrau absolvierte *Frauke van Bevern* das Studium der Betriebswirtschaftslehre an der *Uni Münster*. Es folgten nationale und internationale Stationen mit Aufgaben in Marketing, Kommunikation, Brandmanagement und in der strategischen Unternehmensentwicklung. *Frauke van Bevern* hat das Advanced Management Programm an der *Harvard Business School* mit Schwerpunkt Marketing Strategy, Brand Management und Leadership absolviert. Sie verantwortet den Bereich Marke und Kommunikation der *Berliner Volksbank*. Ihre Kernthemen sind Markenführung, Unternehmenskommunikation und Changemanagement. Neben ihrem Job betreibt *Frauke van Bevern* die Fotografie mit fortdauernder Leidenschaft. Sie lebt und arbeitet in Berlin.

After completing her training in advertising, Frauke van Bevern studied business administration at the University of Münster. She then held national and international positions in marketing, communications, product management and strategic corporate development. Frauke van Bevern completed the Advanced Management Program at Harvard Business School with a focus on marketing strategy, brand management, and leadership. Frauke van Bevern is responsible for marketing at Berliner Volksbank. With her team of nearly 50 people, she is driving the bank's consistent digitization. Her core topics are branding, designing service excellence, and managing change. In addition to her job, Frauke van Bevern pursues photography with ongoing passion. She lives and works in Berlin.

Prof. Dirk Wachowiak

Graphic & Type Design,

Dirk Wachowiak ist Grafikdesigner mit Fokus auf Visuelle Systeme, Typografie und Schriftgestaltung. Er studierte in Deutschland und den USA und absolvierte den Master of Fine Arts in Graphic Design an der *Yale University School of Art*. Seine Schriften wurden bei *Acme Fonts (London), T26 (Chicago), Fontworks UK (Cheltenham)*, der *Indian Type Foundry (Ahmedabad)* und *Sudtipos (Buenos Aires)* veröffentlicht. Zusammen mit Stefanie Schwarz gründete er 2013 das typografische Forschungslabor *Open2Type*. *Dirk Wachowiak* lehrte an unterschiedlichen Institutionen, u. a. der *Hochschule Pforzheim, Hochschule für Gestaltung Offenbach, Hochschule für Technik Stuttgart, Hochschule Augsburg*, der *Staatlichen Akademie der Bildenden Künste Stuttgart* und der *Bauhaus Universität Weimar*. Seit 2016 ist *Dirk Wachowiak* Professor für Kommunikationsdesign an der *Hochschule Macromedia Freiburg*.

Dirk Wachowiak is a graphic designer with a focus on typography and type design. He studied in Germany and the USA and graduated with a Master of Fine Arts in Graphic Design from Yale University School of Art. His typefaces have been published by Sudtipos (Buenos Aires), Indian Type Foundry (Ahmedabad), Acme Fonts (London), T26 (Chicago), and Fontworks UK (Cheltenham). Together with Stefanie Schwarz, he founded the typographic research lab Open2Type in 2013. Dirk Wachowiak has taught at various institutions, including Pforzheim University of Applied Sciences, Offenbach University of Design, Stuttgart University of Applied Sciences, Augsburg University of Applied Sciences, and the Stuttgart State Academy of Fine Arts and Bauhaus Universität Weimar. Since 2016 Dirk Wachowiak has been Professor of Communication Design at the Macromedia University of Applied Sciences Freiburg.

Agentur-Finder / Agency finder

Deutschland

Bernd Vollmöller Kommunikationsdesign
Ludwigstraße 12
63067 Offenbach am Main
T +49 69 43052289
www.design@cbvollmoeller.de

**bp Content Marketing
und Medien GmbH & Co. KG**
Waitzstraße 27
22607 Hamburg
T +49 40 22861920
www.bpcontent.com

Bureau Sebastian Moock
Lister Meile 26
30161 Hannover
T +49 151 15 44 07 21
www.sebastianmoock.de

**HAWK Hochschule für angewandte
Wissenschaft und Kunst**
Renatastraße 11
31134 Hildesheim
T +49 5121 881-0
www.hawk.de

Heine Warnecke Design GmbH
Haeckelstraße 11
30173 Hannover
T +49 511 878136-00
www.heinewarnecke.com

Ideenrevier
Raiffeisenstraße 1
T +49 6758 922090
55595 Weinsheim
www.ideenrevier.com

jäger & jäger
Seepromenade 17
88662 Überlingen
T +49 7551 94733-0
www.jaegerundjaeger.de

Kammann Rossi GmbH
Niehler Straße 104
50733 Köln
T +49 221 976541-0
www.kammannrossi.de

Kristin Neve / Grafikdesign & Typografie
23769 Fehmarn
www.kristin-neve.de

Lekkerwerken GmbH
Moritzstraße 44
65185 Wiesbaden
T +49 611 7108822
www.lekkerwerken.de

MetaDesign GmbH
Louis-Pasteur-Platz 3
40211 Düsseldorf
T +49 30 5900540
www.metadesign.com

POLARWERK GmbH
Humboldtstraße 44
28203 Bremen
T +49 421 163049 0
Sieger & Brauckmann GbR
Schillerstraße 20
58511 Lüdenscheid
T +49 23 51 67 300-0
www.siegerbrauckmann.de

Tietge GmbH
Wilhelmstraße 31
77654 Offenburg
T +49 781 919705-0
www.tietge.com

wirDesign communication AG
Berliner Straße 82
13189 Berlin
T +49 30 275728-0
www.wirdesign.de

Österreich

Kirchschläger Grafikbüro
Bahnhofplatz 1
A-4600 Wels
T +43 676 3140568
www.kirchschlaeger.at

Red Bull Media House Publishing
Am Grünen Prater 3
A-1020 Wien
T +43 1 90221
www.redbull.com

Schweiz

hilda ltd.
Zweierstrasse 25
CH-8004 Zürich
T +41 43 317 18 18
www.hilda.ch

Register

Namen / Names

Agenturen / Agencies

Auftraggeber / Clients

Dienstleister / Service providers

Berliner Type

2022

Anmeldeschluss
31. Oktober 2022

Last call
Oktober 31, 2022

www.berlinertype.eu

Impressum / Imprint

Die Deutsche Nationalbibliothek verzeichnet diese Publikation in der Deutschen Nationalbibliografie; detaillierte bibliografische Daten sind im Internet über http://dnb.dnb.de abrufbar. The Deutsche Nationalbibliothek lists this publication in the Deutsche Nationalbibliografie; detailed bibliographic data are available on the Internet at http://dnb.dnb.de

ISBN
978-3-7212-1022-4
978-3-9059-8223-7

© 2022 Niggli
Ein Imprint der Braun Publishing AG, Salenstein
Imprint of Braun Publishing AG, Salenstein

www.niggli.ch

1. Auflage 2022
1st edition 2022

Gestaltung / Publishing Design
Tom Leifer Design GmbH, Hamburg
www.tomleiferdesign.de

Abbildungen / Images
Gestaltungsflächen der Preisträger und Autoren
Designed of the award winners and authors

Lektorat / Final proofreading
Schlussredaktion.de GmbH, Frankfurt am Main

Schriften / Fonts
Drescher Grotesk und Poynter Oldstyle Text

Druck / Print Production
GPS INTERNATIONALE HANDELS HOLDING GMBH, Villach, Austria,
www.gpsgroup.eu

Herausgeber / Publisher
Odo-Ekke Bingel / AwardsUnlimited

Wettbewerb / Competition
BERLINER TYPE
Internationaler Druckschriften-Wettbewerb

Veranstalter / Organizer
AwardsUnlimited,
Wettbewerbeteam Odo-Ekke Bingel,
Im Tokayer 15, D-65760 Eschborn,
www.berlinertype.eu

Online-Ausschreibung / Online call for entries
www.berlinertype.eu

Augenhand / Eye hand
Entworfen vom Künstler Ren Rong
Designed by artist Ren Rong